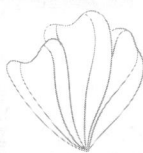

高质量新就业研究丛书

中国人民大学科学研究基金（中央高校基本科研业务费专项资金资助）项目成果 17XNLG06

高质量发展
与高素质劳动力

国际实践与中国选择

杨伟国 邱子童 郑祁 ／ 著

High-quality
DEVELOPMENT
and High-quality Workforce

International Practices and
China's Choices

东北财经大学出版社
Dongbei University of Finance & Economics Press ｜ 大连

图书在版编目（CIP）数据

高质量发展与高素质劳动力：国际实践与中国选择 / 杨伟国，邱子童，郑祁著.—大连：
东北财经大学出版社，2020.12

（高质量新就业研究丛书）

ISBN 978-7-5654-4069-4

Ⅰ.高… Ⅱ.①杨…②…邱…③郑… Ⅲ.劳动力素质-研究 Ⅳ.F241

中国版本图书馆CIP数据核字（2020）第263374号

东北财经大学出版社出版发行

　大连市黑石礁尖山街217号　邮政编码　116025

　网　　址：http://www.dufep.cn

　读者信箱：dufep @ dufe.edu.cn

大连图腾彩色印刷有限公司印刷

幅面尺寸：170mm×250mm　字数：172千字　印张：13.25
2020年12月第1版　　　2020年12月第1次印刷
责任编辑：石真珍　　　责任校对：伊　人
封面设计：冀贵收　　　版式设计：原　皓
定价：45.00元

前言

　　党的十九大以来，中国经济始终保持稳中向好的发展势头，在经济结构、发展质量与效益、民生水平以及劳动力市场稳定等方面都取得了长足进步，也为劳动者素质提升奠定了较为坚实的经济与社会基础。这体现在具体数据上，一是经济结构持续优化。截至 2019 年 12 月，中国国内生产总值（GDP）约为 990 865 亿元，比上一年度增长 6.1%，第三产业增加值占比为 53.9%，对经济增长的贡献率比第二产业高出 20.9%，服务业对经济增长的拉动作用不断增强；最终消费支出对 GDP 增长的贡献率为 57.8%，消费对经济发展的基础性作用得到了充分体现。二是经济发展质量与效益显著提高。高技术产业增加值同比增长 8.8%，装备制造业增加值同比增长 6.5%，战略性新兴服务业增加值同比增长 12.4%，数字经济及相关业态发展迅速。三是人民生活得到持续稳定改善。全国居民人均可支配收入达 30 733 元，扣除价格因素后实际增长 5.8%。[①]

　　与此同时，劳动力市场虽有短期波动，但整体形势保持稳定。2019 年的统计公报显示，全国就业人员为 77 471 万人，其中城镇就业人员为 44 247 万人，全国农民工总量达 29 077 万人，比上年增长 0.8%。全国城镇调查失业率为 5.1%。2019 年整体就业情况与欧盟地区同时期平均就业水平相比基本理想，能够为高素质劳动者队伍建设提供充足、稳定的人员基础。2020 年初的新冠肺炎疫情对就业的影响较为明显，国家统计局公布的 2 月份全国城镇调查失业率为 6.3%，至 4 月份仍维持在 6.0% 的水平上。就业形势趋紧加快了新用工形式的出现与发展，共享员工模式也证明

---

①　《中华人民共和国 2019 年国民经济和社会发展统计公报》。

了劳动力市场具备自我调节的可能性与有效性。此外，这一过程中暴露出的新工作形式的劳动保护问题也值得我们关注。

从数据上看，这些整体符合党的十九大报告对我国经济已由高速增长阶段向高质量发展阶段转变的基本判断，高质量发展趋势得到进一步延续。在这一背景下，要落实党的十九大报告中关于供给侧结构性改革进一步深入、经济结构持续优化、数字经济等新兴产业进一步发展的要求，要推动新型工业化、信息化、城镇化、农业现代化同步发展，要实现更高质量、更有效率、更加公平、更可持续的目标，就需要不断促进劳动者的全面发展，培养一支综合素质好、教育水平高、技能熟练、培训到位的劳动者队伍作为支撑产业转型、消费升级的技术基础，作为提供高质量产品与服务的动力基础，作为贯彻新发展理念、建设现代化经济体系的人才基础。

要在高质量发展背景下提高劳动者综合素质，提升劳动者教育水平与技能水平，强化劳动者培训力度，就要在准确理解新发展理念的基础上，明确目前劳动者队伍建设情况与高质量发展要求之间的差距，充分借鉴国内外劳动者素质提升经验，通过政府政策与市场调节的有效结合，系统提升劳动者素质。

从方法论角度考虑，本书在分析高质量发展对劳动者素质提升的具体要求时，以人力资本理论为基础，围绕人的能力这一核心要素，考察影响能力发挥的身体素质、心理健康、教育水平、技能水平等不同方面的现实情况与高质量发展要求之间的差异。党的十九大报告第一次在党的最高文件中提出人力资本服务的概念，并明确人力资本服务作为新增长点和新动能在国民经济发展中的地位，这是有关人力资本研究的重大理论创新。[①] 在实践中，旧的人口红利正在消退，但并不意味着新的人口红利没有产

---

① 杨伟国. 创新推动人力资本服务新增长 [J]. 中国人口科学，2017（6）：2-7.

生，①需要在实践中基于人力资本理论挖掘劳动者的人力资本潜力。因此，本书在对策建议部分，遵循人力资本生命周期理论，对应身体素质、心理健康、教育水平、技能水平等方面的问题，从不同角度提出与现实条件相联系、与问题表现相呼应、与发展要求相协调的系统性对策。

本书是中国人民大学科学研究基金（中央高校基本科研业务费专项资金资助）项目（17XNLG06）成果。同时，本书的部分内容继承了作者2018年向国家发改委就业司、中欧社会保障改革合作项目组提交的《高质量发展与劳动者素质提升》报告的基本观点。该报告得到了项目组的专家费支持，来自欧盟的各位专家、学者提供了关于比利时、波兰、丹麦等国家相关内容的宝贵修改意见，在此向国家发改委就业司和中欧社会保障改革合作项目组的领导、专家、同仁们表示由衷的感谢。

尽管秉承严谨规范的态度，但由于作者学术功底与专业理解的欠缺，本书必定还存在诸多不足之处，作者对此承担全部责任。特别是由于三位作者写作风格不一，在具体内容的层级安排方面略有差异，虽经六稿但仍有遗憾。在此我们祈望读者和学界同仁批评指正，并热切盼望劳动就业及相关领域的专家、学者关注、投身这一主题，共同促进高质量发展背景下劳动者素质的提升。

杨伟国

2020年10月

于中国人民大学求是楼

---

① 厉以宁. 农民工、新人口红利与人力资本革命 [J]. 改革，2018 (6)：5-12.

目录

第1章
高质量发展是践行新发展理念的发展模式

党的十九大报告明确指出要"贯彻新发展理念，建设现代化经济体系"。中国目前正处于"转变发展方式、优化经济结构、转换增长动力的攻关期"，既在产业体系发展、经济体制建设方面存在特殊性，又与之前的经济发展阶段一脉相承。前者表现为"质量追赶"、"结构升级"和"创新驱动"三个方面的转型目标；[①]后者体现在由"数量第一"到"数量大国"，再到"先量后质"的经济发展历程中。[②]

---

① 王一鸣. 大力推动我国经济高质量发展 [J]. 人民论坛，2018（9）：32-34.
② 胡鞍钢，谢宜泽，任皓. 高质量发展：历史、逻辑与战略布局 [J]. 行政管理改革，2019（1）：19-27.

1.1 高质量发展是发展模式历史演进的必然结果

梳理中国宏观经济政策与发展模式的历史脉络可以发现，高质量发展是中国发展模式演进的必然结果。从整体上看，它是从问题导向转变为发展导向的历史过程，在时间上经历了探索、发展和创新三个阶段；在目标上，它是从建设完整的产业体系开始，逐渐转变为促进经济增长与促进社会全面发展，最后发展到了新时代全面建成小康社会、全面建设社会主义现代化国家的目标；在具体内容上，它是由以工业化建设为主转变为以经济增长为主，再到促进经济结构优化，最后演变为新发展理念。在这一部分，本书将按照历史顺序介绍中华人民共和国成立至今不同时期的经济发展政策，并结合当时的背景考察经济政策与经济形势的联系。

1.1.1 探索阶段

探索阶段主要是指1949—1957年的工业化建设与社会主义改造阶段。中华人民共和国经济发展方向和内容的确定，最早可以追溯到1945年党的第七次全国代表大会关于建立人民政权后经济目标的阐述[①]，即"在新民主主义的政治条件获得之后，中国人民及其政府必须采取切实的步骤，在若干年内逐步建立重工业和轻工业，使中国由农业国变为工业国"[②]。之后，1949年通过的《中国人民政治协商会议共同纲领》也提出了"变农业国为工业国"的发展目标。此外，与"以工业化为基础，优先建立和发展重工业"方针同步进行的，还有同时期的社会主义改造工作。1953年6月15日，时任国家主席的毛泽东在中共中央政治局会议上强调"党在

---

① 叶明勇. 改革开放前后两个历史时期经济发展方式及其思考 [C] //当代中国研究所. 改革开放与中国特色社会主义第十五届国史学术年会论文集. 北京：当代中国出版社，2017.

② 毛泽东. 毛泽东选集：第3卷 [M]. 北京：人民出版社，1991：1081.

过渡时期的总路线和总任务，是要在十年到十五年或者更多一些时间内，基本上完成国家工业化和对农业、手工业、资本主义工商业的社会主义改造……党在过渡时期的总路线是照耀我们各项工作的灯塔"，这被视为过渡时期总路线的雏形，并于同年12月28日得到确立。

尽管国内研究对这一时期经济发展模式选择的评价不一，但不可否认的是，这一时期的工业化建设与社会主义改造都是与当时中国经济社会发展形势紧密联系在一起的。工业化建设对应着当时中国工业发展的薄弱基础，且面临东北地区外部危机的挑战，急需完备的工业化体系支撑经济与国防事业发展。同时，社会主义改造建立的公有制经济体制为高度集中的政治经济体制的建立创造了条件，考虑到当时的历史背景，这不仅是学习苏联模式的结果，也是党结合中国国情为快速发展国民经济做出的必然选择。

1.1.2 发展阶段

发展阶段即1979—2013年从改革开放到经济发展新常态之前的阶段。我国在探索阶段构筑了较为完备的国民经济体系，对"数量第一"的坚持弥补了"数量缺口"[①]，但仍未实现"数量大国"的目标。党的十一届三中全会根据当时国民经济比例严重失调的客观事实，提出对过于集中的经济管理体制进行改革，尝试重新利用市场经济发展国民经济，拉开了改革开放的序幕。1987年党的十三大确定"三步走"战略，逐步将经济发展重点由工业化建设转向改善人民生活水平方面。

这一阶段是市场机制逐步发挥作用的阶段，从党的十二大的"正确贯彻计划经济为主、市场调节为辅的原则"，到党的十三大的"社会主义有计划商品经济的体制，应该是计划与市场内在统一的体制"，再到党的十四大的"社会主义市场经济体制，就是要使市场在社会主义国家宏观调控

---

① 胡鞍钢，谢宜泽，任皓. 高质量发展：历史、逻辑与战略布局 [J]. 行政管理改革，2019 (1)：19-27.

下对资源配置起基础性作用，使经济活动遵循价值规律的要求，适应供求关系的变化；通过价格杠杆和竞争机制的功能，把资源配置到效益较好的环节中去……促进生产和需求的及时协调"，市场机制在国民经济发展中的作用越来越明显。

市场经济的引入与深化，带动了国民经济的高速发展。这一时期中国GDP的年均增长率为9.75%，这与市场经济激活市场主体的作用密不可分。直到2013年中国经济整体进入稳定发展阶段，经济发展新常态的出现促使党和国家转变经济增长方式，逐渐形成高质量发展的雏形。

1.1.3 创新阶段

创新阶段即2014年开始延续至今。这一阶段的特殊性在于其有着特征明显的准备阶段。在经济发展过程中强调数量追赶，是以往我国经济发展政策制定与落实的重要内容[①]。2012年中国的经济增速开始回落，至2014年上半年稳定维持在7.4%，结束了过去30多年来10%左右的经济高速增长。2014年5月，习近平总书记首次提出有关新常态的表述，即"我国发展仍处于重要战略机遇期，我们要增强信心，从当前我国经济发展的阶段性特征出发，适应新常态，保持战略上的平常心态"，并于同年9月系统阐述了新常态的概念、机遇与关键环节等方面的内容。习近平认为经济增速虽然放缓，但是经济增长趋势平稳、结构优化、动力多元且增量可观，并指出要"坚持以提高经济发展质量和效益为中心"。之后，2016年3月16日通过的"十三五"规划明确了"经济保持中高速增长"的总体目标[②]，并强调了提高经济发展的平衡性、包容性和可持续性。

---

① 胡鞍钢，谢宜泽，任皓. 高质量发展：历史、逻辑与战略布局 [J]. 行政管理改革，2019 (1)：19-27.

② 《中华人民共和国国民经济和社会发展第十三个五年规划纲要》。

新常态在本质上意味着GDP增长方式的创新。①作为新常态下经济政策的重要组成部分，化解产能过剩工作拉开了供给侧结构性改革的序幕，这是党和国家适应经济发展形势的变化采取的对策之一。之后，中央经济工作会议提出的"三去一降一补"，可以理解为是为了应对源头原材料市场价格下跌所采取的直接措施，也是实现经济增长转型的必要手段，即淘汰落后产能，为优质产能和创新发展提供空间。无论采取何种经济政策，经济发展的最终目的都体现在通过特定形式将经济发展成果公平、有效地分配给市场经济行为主体，并保证经济活动参与机会的公平获取、经济波动风险的有效规避、经济行为过程的顺利实现。②

2017年10月，党的十九大报告提出了中国发展进入新的历史阶段，即中国特色社会主义进入了新时代。报告指出："中国特色社会主义进入新时代，我国社会主要矛盾已经转化为人民日益增长的美好生活需要和不平衡不充分的发展之间的矛盾。我国稳定解决了十几亿人的温饱问题，总体上实现小康，不久将全面建成小康社会，人民美好生活需要日益广泛，不仅对物质文化生活提出了更高要求，而且在民主、法治、公平、正义、安全、环境等方面的要求日益增长。同时，我国社会生产力水平总体上显著提高，社会生产能力在很多方面进入世界前列，更加突出的问题是发展不平衡不充分，这已经成为满足人民日益增长的美好生活需要的主要制约因素。"③

报告指出，在新时代，必须坚持以人民为中心的思想，促进人的全面发展，坚持在发展中改善和保障民生，坚持人与自然和谐共生，坚持推动构建人类命运共同体。在具体的发展模式方面，报告提出要"贯彻新发展

---

① 陈世清. 什么是新常态经济？[EB/OL]. (2015-03-19) [2020-11-03]. http://www.qstheory.cn/laigao/2015-03/19/c_1114688943.htm.
② 李子联，王爱民. 江苏高质量发展：测度评价与推进路径 [J]. 江苏社会科学，2019 (1)：247-256，260.
③ 习近平在中国共产党第十九次全国代表大会上的报告。

理念，建设现代化经济体系"，通过深化供给侧结构性改革、加快建设创新型国家、实施乡村振兴战略和区域协调发展战略、加快完善社会主义市场经济体制并推动形成全面开放新格局来实践创新、协调、绿色、开放、共享的新发展理念。

新时代概念的提出，以党的十八大以来国内经济社会发展的深层次、根本性变革为现实根据，是党和国家对经济社会发展阶段的全面、准确判断。其中，新发展理念是针对目前中国经济结构性矛盾明显、创新动力不足、区域发展不平衡、环境污染严重、开放水平仍有很大提升空间等问题提出的，其内容是指导建设现代化经济体系的重要原则。

从发展模式的历史脉络看，探索和发展两个阶段在为创新阶段的模式选择提供历史经验的同时，也奠定了相应的经济、社会基础。新常态时期从其内容上看，可以理解为是创新阶段的序章，偏重对经济发展方式方法的阐述，强调经济发展的高质量，使人民对经济发展速度与质量之间的关系有了更深层次的理解，是进入新时代的必要准备。从这一角度考虑，经济结构的调整、供给侧结构性改革的推进、中等收入群体的扩大以及科技创新的持续活跃，都为高质量发展的实现奠定了坚实的经济、社会基础[①]。新时代阶段除包含新常态下经济发展的方式方法外，还把对质量的要求扩展到社会、经济发展的各个方面，强调高质量的全面发展，是在重新定义社会主要矛盾的基础上在发展思想方面的进步。

1.2　高质量发展对国际经济发展经验的借鉴

中华人民共和国成立以来国民经济发展的各个历史时期，无论是对数量的把握，还是对质量的追求，无一不体现着中国特色社会主义独特的发

[①]　王一鸣. 大力推动我国经济高质量发展 [J]. 人民论坛，2018（9）：32-34.

展情境与丰富的国际经验的结合。对高度集中的"苏联模式"、政府主导型的"日本模式"、市场经济导向的"美国模式"以及社会市场经济导向的"德国模式"等诸多国际经验的扬弃体现了中国在改革开放前后对宏观经济政策制定与落实的慎重考虑。

　　高质量发展是一项需要强化顶层设计的系统性工程，需要在"以人民为中心"的导向指引下，在科技、制造、教育、人才等方面实现现代化强国的目标。[①]"以人民为中心"体现了人民是推动社会发展力量源泉的唯物史观，体现了中国共产党全心全意为人民服务的根本宗旨，体现了逐步实现共同富裕的发展目标。[②]在这一过程中，质量变革是基础，效率变革是主线，动力变革是关键。[③]更进一步地，在向高质量发展转变的过程中，要实现的是人的全面发展与提升，涉及的不仅是社会行为引导方向的调整，还需要提高人们思维方式的适应性与引领性，这在理论认识与实践应对方面都具有挑战性。[④]因此，在涉及具体政策内容的选择时，对国际经验的考察则应更具针对性。例如，联合国人类发展指数（Human Development Index，HDI）代表的以人为本、全面评价人类社会发展的理念，是考察高质量发展背景下劳动者全面发展的有效手段。欧盟和OECD国家所倡导的绿色、可持续的发展理念与高质量发展时期供给侧结构性改革关于绿色低碳的要求高度一致。还有部分欧盟国家在促进本国经济全面发展的过程中采取的措施，例如：波兰由政府主导的促进不同地区均衡发展的负责任发展战略，与我国高质量发展阶段要实施的区域协调发展战略极其相似；比利时在其经济展望中对劳动力市场等具体影响经济发展的因素的

　　① 胡鞍钢，谢宜泽，任皓. 高质量发展：历史、逻辑与战略布局 [J]. 行政管理改革，2019（1）：19-27.
　　② 秦宣. 新发展理念与中国改革开放的历史经验 [J]. 中国特色社会主义研究，2018（6）：20-25.
　　③ 张建刚. 推动我国经济迈向高质量发展 [J]. 红旗文稿，2018（10）：23-24.
　　④ 金碚. 关于"高质量发展"的经济学研究 [J]. 中国工业经济，2018（4）：5-18.

重视与利用等，有利于理顺高质量发展背景下政府与市场的关系；德国关于工业4.0的相关政策、措施对我国目前以智能制造为代表的制造业转型升级有着十分重要的借鉴意义。

1.2.1　联合国：人类发展指数

人类发展指数是由联合国开发计划署（UNDP）在《1990年人类发展报告》中提出的、用以衡量联合国各成员方经济社会发展水平的指标，是对传统的GNP指标挑战的结果。它是以"预期寿命、教育水平和生活质量"三项基础变量，按照一定的计算方法得出的综合指标。1990年以来，人类发展指数在指导发展中国家制定相应发展战略方面发挥了极其重要的作用。联合国开发计划署每年都会发布人类发展指数，并在《人类发展报告》中使用它来衡量各个国家（地区）的人类发展水平。

人类发展指数是对人类发展状况进行的动态反映，揭示了一个国家（地区）的优先发展项，为世界各国尤其是发展中国家制定发展政策提供了依据，从而有助于挖掘一国经济发展的潜力。通过分解人类发展指数，可以发现社会发展中的薄弱环节，为经济与社会发展提供预警。[1]其优点主要表现为：①人类发展指数使用较易获得的数据，计算较容易，方法较为简单。②人类发展指数印证了对一个国家（地区）福利的全面评价应着眼于人的发展而不仅仅是经济状况，适用于不同的群体，可反映不同的阶层、性别、地域分布、少数民族之间的发展差异。③人类发展指数从测度人类发展水平入手，反映了一个社会的进步程度，为人们评价社会发展提供了一种新的思路。[2]

在2019年12月联合国开发计划署公布的《2019年人类发展报告》

---

① United Nations Development Programme. Human Development Report 2014 ［R］. New York：UNDP，2014.

② 张祖群. 从恩格尔系数到旅游恩格尔系数：述评与应用 ［J］. 中国软科学，2011（2）：100-114.

（Human Development Report 2019）中，中国内地HDI排名第85位（指数为0.758），前10名分别是挪威（0.954）、瑞士（0.946）、爱尔兰（0.942）、德国（0.939）、中国香港特别行政区（0.939）、澳大利亚（0.938）、冰岛（0.938）、瑞典（0.937）、新加坡（0.935）以及荷兰（0.933）。人类发展指数在明确了中国与其他国家（地区）之间差距的同时，也通过出生时预期寿命、预期受教育年限、平均受教育年限以及人均国民总收入等内容为中国之后坚持以人民为中心的发展理念，坚持在发展中巩固和改善民生提供了实践方向。

1.2.2　欧盟：可持续发展、绿色发展

欧盟早在2000年制定的里斯本战略（Lisbon Strategy）中就把可持续发展作为重要政策来实施。[①]里斯本战略的目标就是"至2010年，将欧洲建设成为世界上最具活力和最具竞争力的知识经济社会"。为了实现这一战略目标，该项战略以建设和谐社会、振兴经济、可持续发展作为三大支柱，相互支持，相互促进，共创欧洲美好未来。

里斯本战略的基石是坚定不移地走可持续发展的道路。自1992年第一届联合国里约高峰大会后，欧盟就密切关注生态环境不断恶化给人类带来的灾难，并积极制定本地区的环境保护政策，主要涉及：增加投入，组织大型环境科研攻关计划；加大环境保护宣传力度，鼓励民众参与各项环保活动；促进国际合作，努力推动国际社会共同面对世界环境不断恶化的严峻挑战。[②]其主要战略和政策是：欧盟"第六个环境和持续发展行动计划"（Environment 2010： Our Future, Our Choice: The Sixth EU Environ-

---

① 葛恒云. 欧盟可持续发展的新动态及其对我国的启示 [J]. 中国科技论坛，2006（4）：129-133.

② 刘艺工. 欧盟环境与可持续发展政策及法律对我国西部大开发的启示 [C]. 中国法学会环境资源法学研究会. 环境法治与建设和谐社会——2007年全国环境资源法学研讨会（年会）论文集（第三册）. 2007：6.

ment Action Programme 2001-2010)、《振兴经济，增强竞争力，创造就业机会》白皮书（Growth，Competitiveness，and Employment: The Challenges and Ways Forward into the 21st Century （White Paper））、《21世纪议程》（Agenda 21）、欧盟可持续发展战略（EU Sustainable Development Strategy）等。在具体实践中，欧盟将绿色发展、可持续发展落实到了经济政策的每一个角落。以欧洲私营部门内陆航运公司的合作组织（NPRC）为例，其致力于降低运输能耗，通过对运输船只进行技术改造减少二氧化碳排放来实现自身业务与可持续发展战略的结合，希望在内陆航运领域引领可持续发展，主要通过气候中性运输（Climate-neutral Transport）和绿色运输（Green Transport）两个方案进行。[①]

此外，欧盟还高度重视区域内的协调工作，尽可能避免重复劳动以及人力、财力资源的浪费，为此采取了5项主要措施：共同招标、共同选择项目、就某一专题或项目成立协调小组、成立部门间工作组、同步招标。[②]

OECD于2011年正式提出绿色增长战略。[③]其目标是在促进经济增长的同时，确保自然资源能够满足发展需求。绿色增长是一个战略性概念，它试图实现既有经济政策与环境承载能力的协调，保持经济发展连贯性与环境保护的共同发展。这一战略促使OECD国家把环境放在中心位置来考虑，就像是考虑金融、就业和投资这些传统优先事项一样。该战略现有46个成员加入，每年都会形成各成员关于其经济增长与环境保护相关指

---

① NPRC成立于1935年，是欧洲内陆水运航运领域各参与主体最大的合作伙伴。其认为内陆水路运输是欧洲最环保的交通方式，通过投资催化转换器和微粒过滤器将使运输过程更加环保。内容详见:https://www.nprc.eu/。

② 刘艺工. 欧盟环境与可持续发展政策及法律对我国西部大开发的启示 [C]. 中国法学会环境资源法学研究会. 环境法治与建设和谐社会——2007年全国环境资源法学研讨会（年会）论文集（第三册）. 2007: 6.

③ OECD. The OECD Green Growth Strategy [EB/OL]. [2020-11-03]. http://www.oecd.org/greengrowth/.

标的报告,具体内容涉及环境与贸易、投资、能源价格等促进绿色增长的经济政策,具体环境政策的评估工具,环境与消费、创新,环境与城市发展,以及绿色技能与工作等方面。虽然其在具体要求与发展内容方面与中国高质量发展中"绿色"的内容并不完全一致,但是其在促进绿色增长过程中采取的相应经济政策及实践方式仍然值得借鉴。

在实现可持续发展方面,OECD支持联合国实现"2030年可持续发展议程"的工作,正努力将现有知识及其独特的工具和经验汇集在一起。[①]

一是改善政策一致性。可持续发展目标的多维性要求实现跨领域的政策整合。OECD通过各种横向项目和国际倡议处理各种问题。其实现"可持续发展框架政策一致性"的努力有助于确定经济、社会和环境政策领域之间的协同作用和权衡。可持续发展的目标是支持具有应对能力的社会机制发展,努力应对人道主义紧急情况以及减少不稳定和冲击。此外,OECD正在帮助各国审查它们在具有挑战性背景下的工作政策和方法。

二是促进对可持续发展的投资。为实现可持续发展的目标,OECD正以前所未有的规模进行融资并挖掘新的资源。私人投资对于实现长期可持续发展至关重要。OECD的投资政策框架是改善投资条件的系统性方法,是引入私人资源的理想工具。OECD还在许多方面与发展中国家合作,支持它们动员国内资源,由OECD跟踪和监测的官方援助仍将是许多发展中国家融资组合的核心。此外,OECD制定的全面的官方支持可持续发展框架(TOSSD)为支持可持续发展提供了广泛的资源,用以弥补官方援助的不足。

三是支持包容性增长。可持续发展目标承诺不让任何人落后,为所有人带来可持续发展。OECD衡量福利和进步的框架突破了国内生产总值增

---

① OECD. OECD and the Sustainable Development Goals:Delivering on Universal Goals and Targets [EB/OL]. [2020-11-03]. http://www.oecd.org/dac/sustainable-development-goals.htm.

长速度这一单一标准，并被越来越多的发展中国家用于确定和评估发展中面临的挑战。发展中国家正在实施的其他 OECD 项目，如包容性增长倡议、多维国家评论、区域政策评估计划以及青年包容和社会保护项目也被纳入福利考察范围。OECD 尤其致力于通过一系列伙伴关系和计划为妇女和女童制定可持续发展目标。它还为移民及其子女的社会融入提供坚实而全面的政策。

四是可持续发展的保障措施。要实现可持续发展的目标，就需要经济社会领域的支持，在维持生态系统健全稳定与经济社会发展之间取得平衡。OECD 与其成员国和其他利益攸关方合作，确保健全的环境管理模式，支持持续实现经济发展和繁荣，同时提供相应的保障。例如，OECD 与世界水理事会一起建立了"保障水安全-水利基础设施投融资高级别小组"。OECD 跟踪国际气候融资的发展并分享其专业知识以及不同方法，用以估算气候融资的影响。

五是促进伙伴关系。为实现可持续发展的目标，各国政府、国际和非政府组织、私营部门和民间社会组织需要合作。通过合作，可以减轻政府部门的财政压力，分享技术成果并创造国家的可持续发展能力。OECD 为对话和交流提供了平台，与联合国开发计划署一起支持有效的全球合作伙伴关系，确保各利益攸关方平等地讨论发展问题。

六是提高数据可用性。实现可持续发展目标需要强有力的数据支撑，用以了解其进展，并为决策提供参考。OECD 正在帮助各国跟踪绿色增长、收入平等以及工作质量等领域的进展情况。它支持各国制定、统计和利用环境和绿色增长指标，帮助其实现环境与经济政策的一体化。OECD 还支持发展中国家通过21世纪统计促进发展伙伴关系（PARIS21）构筑自己的统计能力和系统。

七是促进后续审查。包容性的后续行动和审查机制对"2030年可持续发展议程"至关重要。跨经济、投资、环境、能源、移民、教育、发展合作等多个政策领域的 OECD 国家审查，旨在实现知识的共享与学习，帮助改进政策和措施，并在合作伙伴之间建立信任和国家尊重。

1.2.3 德国：工业4.0

2019年德国人均国内生产总值为55 737美元，在OECD国家中排第10名。截至2019年9月，德国失业率为3.1%，在OECD国家中整体就业水平位居第3位。德国联邦劳工和社会事务部部长胡贝图斯·海尔（Hubertus Heil）认为，新员工面临的"核心挑战"是需要具备更高水平的劳动技能，以适应技术变革的发展和全球化的市场竞争。

工业4.0[①]是德国政府在《德国2020高技术战略》（2010）中提出的十大未来项目之一，并在2013年的汉诺威工业博览会上正式提出，旨在提升制造业的智能化水平，建立具有适应性、资源效率高及人机融合的智慧工厂，并在商业流程及价值流程中整合客户及商业伙伴。工业4.0将大规模生产与个性化客户需求结合，具有高成本效益和高质量发展的优势。

这为德国的经济发展挖掘出了巨大的潜力。随着行业的数字化，不仅价值创造过程将发生变化，而且新的商业模式和有关员工的新视角也将出现。特别是对于中小型企业而言，智能化的数字化生产流程提供了巨大的机遇。预计到2020年，德国将为工业4.0投资40亿欧元，带动153亿欧元的产值增长，并将数字化扩展到83%的企业。此外，从劳动力市场角度考虑，约有1 500万个工作岗位直接或间接地依赖于制造业，这也极大地提高了工业领域劳动者的工作价值和工作质量。

德国政府在发展工业4.0的过程中，也在工作场所与工作流程、信息与数据安全、相关技术标准、法律框架等方面进行了深入思考[②]，并成立

---

① 德国政府从概念描述、实践应用、规范与标准等方面对工业4.0进行了详细解释。内容详见：https://www.bmwi.de/Redaktion/DE/Dossier/industrie-40.html。

② 德国政府认为工业4.0是一个复杂的项目，行动领域多种多样，往往重叠，需要相关产业政策和行业决策所有参与者的交流。内容详见：https://www.plattformi40.de/I40/Navigation/DE/Industrie40/Handlungsfelder/handlungsfelder.html。

了工作组负责相应内容的调查与分析。

在考虑到工作场所与工作流程时，德国政府认为工业4.0的根本变化在于未来生产和实施这些产品与服务的方式发生转变，工厂中的通信通常可以无缝无线进行，从而实现劳动者与智能生产机器之间更有效的交互。这一发展为重组工作提供了机会，例如更健康的工作场所、更灵活和更适合家庭的工作时间安排等。为了适应这些变化，要充分考虑以下几个问题：一是由于员工与机器的交互更加紧密、有效，工作与生活的界限也变得越来越模糊，劳动者需要更快的反应能力，这是否会增加劳动者的心理压力？二是劳动者在生产过程中是否会成为智能化程序的附属品，即是否会成为各种程序、传感器监测、控制的对象？三是职业安全问题，这更多地涉及社会保险方面的内容。四是如何培训现有劳动者并避免低技术工人被排除在外？

在考虑到信息与数据安全时，德国政府认为工业4.0的实现与高度网络化数据的保护有密切联系，工业4.0的实践基础与当今传统生产中的网络化生产环境需要的可靠性和安全性相同，因此，工业4.0中的每个IT安全领域都有解决方案。但是，保护IT安全的方法都是为了适应特定生产条件采取的，在生产环境、合作对象发生变化时，现有安全技术并不能完全满足保护数据的需求，需要新的安全设计标准与方法。

在考虑到技术标准时，德国政府认为工业4.0将以大量提升自动化水平为特征，在此基础上不同的系统需要彼此通信和交互，必须基于国际公认的规范和标准统一接口。对此，德国政府开发了RAMI 4.0，将工业4.0的基本元素集中在一个三维度模型中，基于此框架，可以系统地安排和进一步开发工业4.0技术。

最后，在相应的法律框架层面，德国政府认为在整个价值链实现数字化的先决条件是能够提供安全保障的法律基础，并指出只有当法律法规与新业务模式的发展保持同步时，法律才能提供安全性并促进创新。要做到这一点，对新技术的法律分析应该早在研究和开发阶段就开始了，而不仅仅是在产品推出之后。具体来说，在数据保护立法方面，既涉及公司数据的保护，也涉及员工和客户个人数据的保护，特别是在公司的经济合作超越德国法律边界的情况下，需要切实可行的解决方案。

1.2.4　比利时：宏观经济活力

比利时每年的（5年期）经济展望①相关文件均由比利时联邦规划局（FPB）公布。比利时联邦规划局是一个公共服务机构，负责对经济、社会和环境政策问题进行研究和预测，以协助政府决策。同时，它还从可持续发展的角度审视其工作。其科学专长由政府、议会、社会对话者以及国家和国际机构给予支持。比利时联邦规划局以独立、公开、透明为主要特征，以社会公众利益为关注点。

比利时2019年人均GDP为53 675美元，在OECD国家中排名第14位，高于欧盟平均水平；2019年第三季度失业率为5.2%，在2018年5.9%的水平上再次下降，劳动力市场整体情况呈现向好发展势头。但根据比利时联邦规划局公布的2018—2023年经济展望文件的内容看，这5年比利时劳动力发展的基础可能会有所欠缺。具体而言，其劳动年龄人口增长率逐步下降，2016年为0.22%，2017年下降到0.19%，2018年进一步下降到0.15%，至2023年将趋近于0。在整个预测期内，预计劳动年龄人口将增加29 500人，远低于前6年的这一数值。此外，随着劳动年龄人口中年龄较大的老年人口的比例继续增加，中期人口增长对劳动力增长的贡献为负，平均每年为-0.09%，在2023年预计会达到-0.22%，这使得比利时劳动力市场面临越来越大的压力。

在过去10年，比利时的部分改革对适龄劳动力的劳动参与率产生了

---

① Bureau Fédéral du Plan. Perspectives économiques 2018-2023-Version de mars 2018［EB/OL］.［2020-11-03］. https://www.plan.be/publications/publication-1766-fr-perspectives+economiques+2018+2023+version+de+mars+2018.

一些负面影响，特别是高等教育改革、失业者再就业监控和补贴制度改革的影响是持续的。根据其文件的描述，影响的具体内容在2018年6月的完整文件中有所呈现。

与此同时，从宏观经济活力来看，其从2015年的72.8%上升到2017年的73.3%，比利时联邦规划局预计到2023年这一数字会进一步上升到74.2%。考虑到人口贡献率越来越低，劳动力供给的增长也将逐渐放缓，预计2021年劳动力新增数量仅为12 400人，2022年新增劳动力约为4 600人。在劳动力供给增速趋缓甚至趋零的情况下，要维持74.2%的宏观经济活力，就要保持或提高目前劳动力市场中适龄劳动力的劳动参与率。

此外，2016年10月31日比利时首相夏尔·米歇尔（Charles Michel）在首届中国-比利时经济论坛上提到了比利时正在塑造的2017—2030年新战略：比利时将把数字集成、能源领域、人员互联互通以及公民医疗技术发展等方面的内容作为战略重点。这意味着维持2018—2023年预测期内劳动者相应的技能水平以保持其劳动参与率，满足新战略对劳动者素质提升的需求，进一步实现劳动力市场的可持续发展，保证宏观经济活力的稳定增长是比利时构筑2017—2030年新战略经济与劳动力基础的重要组成部分。在此基础上，比利时现阶段实行了两项规模较大的劳动者素质（技能）提升战略：一是就业与技能战略；二是绿色技能发展规划。这两部分内容会在第5章进行详细描述。

1.2.5　波兰：再工业化、企业创新与均衡发展

2017年2月14日，波兰部长级会议通过了其中期发展战略——负责任发展战略（2020）①（简称SOR2020），该计划为应对波兰经济面临的挑

---

① Ministerstwo Inwestycji i Rozwoju. Strategia na rzecz Odpowiedzialnego Rozwoju do roku 2020 ［EB/OL］. ［2020-11-03］. http://www.miir.gov.pl/strony/strategia-na-rzecz-odpowiedzialnego-rozwoju/informacje-o-strategii.

战制定了新的国家发展愿景，并将战略发展前景延伸到了 2030 年。SOR2020 致力于改变经济结构，使其更具创新性，注重有效利用物质资本和人力资本。值得注意的是，该战略希望强化政府部门在经济、社会和区域建设中的责任。

2018 年，波兰人均 GDP 为 31 393 美元，为欧盟国家平均水平的 70.3%，高于中国同时期水平（人均 10 204 美元，根据 2019 统计公报数据折算）。波兰 2019 年第 3 季度的失业率为 3.2%，远低于欧盟成员国同时期平均水平（6.3%）。SOR2020 预期在 2020 年内要实现的目标是：人均 GDP 达到欧盟平均水平的 79%，到 2030 年接近欧盟平均水平；投资增长率超过 25%；大中型企业数量增加到 22 000 家以上；研发支出提升到 GDP 的 2%；实现工业产值增速高于 GDP 增速等。

该战略的具体目标如下：首先，波兰投资和发展部认为经济的持续增长将日益依赖知识、数字化和高质量的企业（组织），因此波兰有必要开展旨在提升波兰产业全球竞争力的再工业化措施，在实现大中型企业数量目标的同时，鼓励中小企业发展，支持企业创新，努力提升资本长期投资率和投资质量。其次，为实现国内区域经济的均衡发展，增强社会凝聚力，波兰政府在着力减贫的同时，强调挖掘劳动力市场中的人力资本潜力，并以地区发展为导向制定相应的社会政策，在政策质量和有效性方面为区域竞争力的提升奠定制度基础。最后，为实现有效的国家经济增长机制，提升社会经济的包容性，波兰政府明确要简化为公民、经济服务的法律，为商业运作提供更好的法治环境并满足公民发展的需要，借助数字化服务规划出涉及社会、经济和国内各区域的综合发展系统。

SOR2020 的内容有五大支柱和一个发展基金，即再工业化、企业创新、资本发展、对外经济交流、社会和区域发展，以及波兰发展基金（PFR）。在五大支柱中，涉及劳动者素质提升的内容主要是再工业化（支持波兰经济在发展中形成新的竞争优势和专业化水平）、社会和区域发展（包括职业教育改革）两部分。波兰发展基金是实施该战略的关键工具，该基金整合了现有相关机构及其工具,并形成新的资本工具,为技术、教育的发展奠定相应的经济基础。该战略将使用项目方法实施。SOR2020介绍了各种各样的举措,其中包括用于实现战略目标的180多个战略和旗舰项目。它还建立了一个协调和实施体系,为各个公共实体分配角色,并与商业、科学和社会机构进行合作。

此外,从波兰投资和发展部公布的内容看,波兰政府正在逐步提升其政府部门的服务能力,克服所谓"波兰部门"的不利影响,实现公共机构的良好运作和全面协调,为公民、企业提升其发展、创新能力创造机会和条件。这一过程类似于比利时政府的"哥白尼计划",但是波兰各个中央部门的组织形式与架构并没有发生太大变化。

从总体上看,波兰投资和发展部将人力和社会资本、数字化发展程度与质量、交通运输条件、能源(资源)、环境以及国家安全考虑视为影响负责任发展战略实施的主要影响因素。与劳动者素质提升有关的,主要是人力和社会资本、数字化两个领域。同时,SOR2020还提到了波兰在战略实施过程中可能会面临的诸多挑战,包括中等收入陷阱、地区发展不平衡等。具体而言,在人力和社会资本领域,波兰面临既要从国家层面提高劳动力市场中人力资本的质量,又要保证社会资本(包括民间社会组织资本)在波兰社会经济发展中份额的双重压力。在数字化领域,波兰要推动国家的数字化发展进程,面临知识储备和人才储备两方面的问题,其中作为知识载体的人才储备是关键。

1.3 新发展理念要求高质量发展

"中国特色社会主义进入新时代,社会主要矛盾已经转化为人民日益增长的美好生活需要和不平衡不充分的发展之间的矛盾",发展不平衡不充分的问题较之以前更为突出。"我国经济已由高速增长阶段转向高质量发展阶段"是党的十九大对国民经济发展阶段的准确定位，是党的十九大报告中关于"贯彻新发展理念，建设现代化经济体系"描述的重要组成部分。①新发展理念也决定了社会主义市场经济条件下的经济活动要以效率和质量为导向，强调质量、效率、公平与可持续，这一过程中的"高质量"对应的是人民不断增长的真实需要，是一定社会历史时期内动态的、阶段性的需求，其具体内容在政策目标中的体现与以往也有所不同。②

因此，在高质量发展阶段解决社会主要矛盾，解决发展不平衡不充分的问题，要坚定不移地贯彻创新、协调、绿色、开放、共享的新发展理念，逐步提高发展质量和效益，满足人民在经济、政治、文化、社会、生态等方面日益增长的需要，实现地区、产业、群体间的均衡、充分发展。在这一过程中，"创新"代表了高质量发展的引领力量，"协调"体现了高质量发展的内在要求，"绿色"提出了高质量发展的基本条件，"开放"明确了高质量发展的实现路径，"共享"诠释了高质量发展的最终价值。

1.3.1 创新引领发展

党的十九大报告指出"创新是引领发展的第一动力"，是建设现代化经济体系的支柱。这是在经济发展动力变革之后的最优选择。动力变革是在逐渐失去成本优势后为适应质量、效率双重提高的需要而进行的经济增长动力向创新驱动的转换。③在高质量发展阶段要充分发挥创新的引领作用，就要按照党的十九大报告关于"瞄准世界科技前沿，强化基础研究，实现前瞻性基础研究、引领性原创成果重大突破"的要求，通过创新体系建设支撑现代化经济体系发展，充分发挥市场的导向作用与企业的主体作用，推动产学研的融合，促进科研成果转化，倡导创新文化，注重人才培

---

① 新华网相关报道，内容详见：http://www.xinhuanet.com/politics/19cpcnc/index.htm。
② 金碚. 关于"高质量发展"的经济学研究 [J]. 中国工业经济，2018 (4)：5-18.
③ 张建刚. 推动我国经济迈向高质量发展 [J]. 红旗文稿，2018 (10)：23-24.

养，强化知识产权的创造、保护与利用。此外，创新还需要资本的投入，要与金融支持紧密结合，创新方式不同，实践主体不同，需要的金融扶持类型也不一样。①

在中国目前的经济发展过程中，在创新引领发展方面有两个十分重要的内容：一是以互联网技术、数字技术为基础的数字经济、共享经济迅速发展，这是近年来中国劳动者创新、创业的重点领域，也是国家探索新的经济增长点、挖掘经济发展新动能的重要途径之一，还是劳动者实现自我价值、提升自身能力素质的重要过程，更是实现人的发展投资的过程。人的发展投资能够创造新的"经济空间"与"市场空间"，有利于化解生产与消费间的矛盾，进而实现经济的创新发展。②二是以工业机器人、计算机化（自动化）为载体的人工智能技术应用、开发范围不断扩展，除了传统的制造业领域，在服务业领域，特别是电子商务服务方面的应用广度、深度都有了长足进步，这又与数字技术结合在一起，在此基础上的人机合作既可以创造更多的经济价值，也能够促使劳动者不断提升自身工作能力以适应经济发展的需要。截至2019年初，我国共建立智能制造工程试点示范项目99个，综合标准化与新模式应用项目155个；工业互联网同步发展，工业企业数字化研发设计工具普及率为67.8%，关键工序数控化率达到48.5%。③

1.3.2　协调推动发展

协调理念的提出，目的是要从根本上解决中国经济发展历史中长期积累的结构性矛盾。④从发展格局看，宏观层面的协调就是促进中、西部地

①　林毅夫. 新时代中国新发展理念解读 [J]. 行政管理改革，2018（1）：19-21.
②　李基礼. 资本扩张方式转变与新发展理念——基于对西方人力资本理论的经济哲学批判 [J]. 马克思主义与现实，2017（1）：198-204.
③　辛国斌. 推动制造业高质量发展 [J]. 宏观经济管理，2019（2）：5-7.
④　秦宣. 新发展理念与中国改革开放的历史经验 [J]. 中国特色社会主义研究，2018（6）：20-25.

区与东部地区的均衡发展；中观层面的协调就是要着力实现东北老工业基地、京津冀区域、长江经济带以及边疆地区发展的同步推进；微观层面的协调就是要逐步形成城市群带动下的不同规模城市与城镇的协调发展。在具体内容方面，既要保证农业生产的稳定、高效，又要实现制造业发展的技术转型和服务产业的高层次发展；既要注重解决初次分配中不同社会群体间收入差距扩大的问题，又要充分发挥劳动力市场（及其价格机制）在劳动力投入、技能选择以及收入分配中的作用；既要注重再分配中社会保障深度的合理变动，又要充分把握社会保障密度与经济社会协调的程度。[①]

数字经济的发展，能够很好地克服经济发展的地域、交通限制，通过技术优势弥补物理空间的局限性。中国近年来快速发展的电子商务服务证明了数字技术能够将欠发达地区的商品信息及时、真实地反映在全国的商品市场中，通过降低交易成本、增加交易量的方式实现欠发达地区与经济发展较充分地区的双赢。

1.3.3 绿色转变发展

"既要金山银山，也要绿水青山"。国内外对绿色发展理念的实践十分丰富，覆盖了经济、技术、产业及劳动者技能等诸多领域。将绿色发展与现阶段高质量发展的具体内容结合，就是要在满足可持续发展要求的基础上，实现优质供给和绿色需求之间的协调，通过供给侧结构性改革优化工业产能、科学配置存量、培育绿色技能、实现低碳高效。在国内的具体实践中，这可以理解为通过技术创新确保"源头"绿色，通过生态红线保障"过程"绿色，通过生态治理实现"事后"绿色。[②]

---

① 何文炯. 中国社会保障：从快速扩展到高质量发展 [J]. 中国人口科学，2019 (1)：2-15，126.

② 李子联，王爱民. 江苏高质量发展：测度评价与推进路径 [J]. 江苏社会科学，2019 (1)：247-256，260.

以工业机器人、计算机化（自动化）为主要载体的人工智能应用将是实现这一转变的重要途径。"绿色发展"是《中国制造2025》的五大基本方针之一，要求"组织实施传统制造业能效提升、清洁生产、节水治污、循环利用等专项技术改造"，这与工业机器人、计算机化（自动化）技术的清洁、高效、柔性优势十分契合。通过人工智能技术的各项应用载体实现绿色发展，既符合国内外绿色发展理念中关于生产方式转变、劳动者技能提升的要求，也有利于奠定实现优质供给、绿色需求的技术基础。

1.3.4 开放巩固发展

1945年至今，全球共有13个经济体实现了长达25年的经济高速增长，其共同特征就是采取了开放政策。[1]中国改革开放以来的成就有目共睹，在高质量发展时期，开放不仅是建设现代化经济体系的必由之路，也是满足人民日益增长的美好生活需要的必然要求。对改革开放的进一步坚持与深入，有利于借助市场手段促进我国经济的转型升级，是形成未来高质量发展成果的保障。从更为宏观的层面考虑，开放发展将各利益相关国家的经济发展联系起来，在实现经济建设互联互通的同时促进了各国国民经济共同发展，这也是人类命运共同体框架下共同利益观在经济发展层面的直观体现。中国经济发展成果的共享不仅是国内的，也是国际的，要确保高质量的"引进来"和"走出去"同步实现。[2]

此外，开放发展还应当包括内部市场的开放，即将现阶段部分竞争性不强的市场、行业开放给有资质、有实力的市场主体，激发市场活力与主体创造力，实现社会主义市场经济条件下的产权有效激励、要素自由流动、价格反应灵活、竞争公平有序、企业优胜劣汰的发展目标。

---

① 秦宣. 新发展理念与中国改革开放的历史经验 [J]. 中国特色社会主义研究，2018 (6)：20-25.

② 辛国斌. 推动制造业高质量发展 [J]. 宏观经济管理，2019 (2)：5-7.

1.3.5　共享诠释发展

这里的"共享"有两个层面的解释：一是国家间共享经济交流成果；二是全体社会成员共享经济发展成果。前者是双边命运共同体、区域命运共同体甚至是人类命运共同体发展的必然要求，要坚持国际权力观、共同利益观、可持续发展观和全球治理观；后者是满足人民日益增长的美好生活需要的重要保障，要坚持经济指标与居民收入同步增长、劳动生产率与劳动报酬同步提高，这也是高质量发展实践的本质追求。

从具体实现形式方面考虑，2019 年实施的个人所得税和社会保障缴费改革代表了国家对调节收入分配、实现社会公平、促进均衡发展的重视。在此基础上，要进一步实现全体社会成员共享经济发展成果，重要的是从产权制度着手，考虑从资产、技术、土地以及人力资本等角度扩展产权内容，明确各类产权在经济发展成果形成过程中的地位与作用，通过产权明晰基础上的成果共享，保证全体社会成员切实体会到经济发展的"获得感"。

第 2 章
高质量发展对劳动者素质提出更高要求

在新发展理念指导下，高质量发展要实现以创新为引领、以协调为助力、以绿色为契机、以开放为保障、以共享为目的的发展过程，就需要一支高素质的劳动者队伍提供坚实的人员、技术基础作为高质量发展的动力源泉。同时，高质量发展作为一个历史过程，也在不断提高对劳动者各方面素质的要求。二者相辅相成、互为促进，是贯彻新发展理念、建设现代化经济体系的重要组成部分。

基于人力资本理论分析高质量发展对劳动者素质提升的要求，能够克服以往仅将教育、培训作为提高人的素质主要过程的局限性，从生命周期角度扩展对能力形成过程的分析。人力资本理论为宏观问题寻求到一个有效的微观突破口，例如，可以通过基于个体的早期人力资本投资干预的手段，解决之后可能出现的个人贫困、失业、犯罪等问题。①

① 李晓曼，曾湘泉. 新人力资本理论——基于能力的人力资本理论研究动态 [J]. 经济学动态，2012（11）：120-126.

2.1 人力资本与经济发展

人力资本理论创立于20世纪60年代，是以人力资源管理为基础将企业中的人视为资本进行管理与投资的分析系统。人力资本管理强调投资与回报的关系，在实践中注重人力资源的内外要素——质和量——的平衡与发展。对人力资本理论的研究最早可以追溯到具有现代意义的经济学起源时期，并出现了有关人力资本与经济发展之间关系研究的早期探索。[①]人力资本与经济发展之间的密切关系来源于其生产功能，即人力资本在生产过程中作为生产要素与物质资本和其他要素一样所具备的功能，是对物质资本的补充。[②]

2.1.1 人力资本思想的起源与发展

作为英国古典经济学创始人，威廉·配第的相关研究被视为人力资本研究的起点。[③]在配第的研究中，他用谷物与白银的生产详细解释了劳动与商品价值的关系，认为生产谷物与白银的劳动相同决定了白银可以作为谷物的自然价格，即"假设生产一蒲式耳（Bushel）谷物所需的劳动和生产一盎司白银所需的劳动是相同的……这是用现实的而非臆想的方法计算商品价格"[④]。其对劳动因素的考虑（区分了简单劳动与复杂劳动）体现了其对人力作用的早期认识[⑤]。

[①] 布劳格. 经济学方法论 [M]. 黎明星，陈一民，季勇，译. 北京：北京大学出版社，1990：234.

[②] 李建民. 人力资本与经济持续增长 [J]. 南开经济研究，1999（4）：1-6.

[③] 王飞（2006）在分析人力资本收益激励时，详细梳理了人力资本思想与理论的发展历史，并从宏观关系、微观机制两方面描述了人力资本与经济发展之间的关系。本节中有关人力资本与经济发展关系的分析框架与部分内容借用了其观点。具体内容详见：http://202.112.118.21/docinfo.action?id1=4d4aabbf851b5341b41153e8739456d4&id2=Trs8TACNFak%253D。

[④] 配第. 赋税论 献给英明人士 货币略论 [M]. 陈冬野，等译. 北京：商务印书馆，1963：87.

[⑤] 毕菲. 我国人力资本投资对经济增长的影响研究 [D]. 长春：吉林大学，2018.

在配第之后，关于人力资本和经济的关系的研究与实践联系得更加紧密。在17世纪中期到19世纪末的200多年间，自由主义的盛行促使经济学家们研究经济视角下的思想与行为，这一领域的研究甚至扩展到了教育层面。例如，坎波马内斯（西班牙，1723—1802）认为自由主义推动了西班牙的教育改革，而新的教育形式则使改革者认识到人力资本在推动西班牙经济增长方面发挥的作用与实际固定资本的作用同等重要。

现代人力资本理论在亚当·斯密的《国民财富的性质和原因的研究》中可以找到相应的思想基础。[①]在斯密的思想中，人力资本投资和收益问题是借助将人的劳动技能资本化进行解释的，即"当某项劳动需要非常规的技术与工艺时，为了尊重从事该劳动的人，需要为其生产的东西支付较高的价值，这一价值是超过他劳动时间所对应的价值的。对技术和工艺的掌握需要多年训练，对掌握技术和工艺的人给予较高的价值是为获得这些技术的劳动与实践支付的报酬"[②]。

更进一步地，斯密还将资本划分为流动资本和固定资本两部分，后者包括"社会中的人掌握的有用的才能"，斯密将其描述为"学习一种才能，须受教育，须进学校，须做学徒，所费不少。这样费去的资本，好像已经实现并且固定在学习者的身上。这些才能，对于他个人自然是财产的一部分，对于他所属的社会，也是财产的一部分。工人增进的熟练程度，可和便利劳动、节省劳动的机器和工具同样看作是社会上的固定资本。学习的时候，固然要花一笔费用，但这种费用，可以得到偿还，赚取利润"[③]。

大卫·李嘉图将斯密的思想扩展到了宏观层面。[④]他指出一个国家全

---

① 王飞. 人力资本收益激励与企业绩效 [D]. 北京：中国人民大学，2005.
② 斯密. 国民财富的性质和原因的研究：上卷 [M]. 郭大力，王亚南，译. 北京：商务印书馆，1983：42.
③ 斯密. 国民财富的性质和原因的研究：上卷 [M]. 郭大力，王亚南，译. 北京：商务印书馆，1983：257-258.
④ 王飞. 人力资本收益激励与企业绩效 [D]. 北京：中国人民大学，2005.

体居民所有后天获得的有用能力是资本的重要组成部分，因为获得能力需要花费一定的费用，故可以被视为在每个人身上固定的、已经实现了的资本。同时，李嘉图将人的劳动分为直接劳动和间接劳动。前者是投在直接生产过程中的劳动，它创造商品的价值；后者是在生产资料上的物化劳动，它不创造价值，只把原有的价值转移到商品中去。李嘉图明确指出，机器和自然物不能创造价值，只有人的劳动才是创造价值的唯一源泉，即"自然要素尽管会大大增加商品的使用价值，但是从来不会使商品增加萨伊先生所说的交换价值"[①]。

19世纪40年代，德国历史学派的先驱者李斯特在其所著的《政治经济学的国民体系》一书中，首次区分了"物质资本"与"精神资本"，考察了教育在经济发展中的作用，其核心是他的生产力理论。[②]人类的"物质资本"是由物质财富的积累形成的，"精神资本"则来自智力方面成果的积累，"各国现在的状况是我们以前许多世纪的一切发现、发明、改进和努力等积累的结果，这些就是现代人类的'精神资本'"[③]。李斯特在这里所说的"精神资本"在某种程度上接近于当代西方经济学家所使用的人力资本概念。到了19世纪末期，马歇尔在《经济学原理》一书中指出"我们已将个人财富定义为具有那些精力、能力与习性，可直接有益于使工作勤奋、具有效率……故可视为资本。"[④]

2.1.2 人力资本与经济增长的宏观关系

人力资本主要通过教育影响经济发展，具体程度取决于教育凝结在劳

---

① 李嘉图. 政治经济学及赋税原理 [M]. 郭大力，王亚南，译. 北京：商务印书馆，1978：243.
② 王飞. 人力资本收益激励与企业绩效 [D]. 北京：中国人民大学，2005.
③ 李斯特. 政治经济学的国民体系 [M]. 陈万煦，译. 北京：商务印书馆，1983：124.
④ 马歇尔. 经济学原理：上卷 [M]. 朱志泰，译. 北京：商务印书馆，1997：167.

动力上的知识和技能水平。①20世纪50年代后期，由于科学技术的进步，社会生产条件的发展以及其他社会性因素的影响，人力资源在生产中的地位发生了很大变化。但是，在这一时期，发展中国家由于本国劳动力文化知识与技术水平不高、管理人员缺乏和水平落后，先进技术、设备并未能提供充足有效的产出，整个经济仍不能摆脱收入低水平循环的状态。这些现象是传统增长理论所不能解释的，它引起了经济学家和统计学家的关注。②

舒尔茨在1960年提出并明确了人力资本的概念与性质、人力资本投资内容与途径、人力资本在经济增长中的关键作用等方面的内容，他认为人的知识、能力、健康等人力资本的提高对经济增长的贡献相较于物质资本、劳动力数量的增加要重要得多，人力资本体现在劳动者身上，是指凝聚在劳动者身上的知识、技能及其表现出来的能力。③舒尔茨指出："人力资本有许多不同的形态，因而能使许多不同的客户和厂家得到好处。从分析角度来说，如果有可能将所有不同形态的人力资本集中在一起，其作用会大大超过全部非人力资本。"④

在20世纪末期发展起来的新经济增长理论，将人力资本进一步区分为一般的人力资本和专业的人力资本，并认为专业化的知识技能和人力资本积累可以产生递增的收益并使其他投入要素的收益增加从而使总规模收益递增，进而说明了人力资本是现代经济增长的决定性因素和永久动力，解释了各国经济增长的差异主要是由人力资本积累率方面的差异以及各国在国际贸易中不同的人力资本比较优势所致。罗默和卢卡斯是新时代的人

---

① BARRO R J. Economic Growth in a Cross Section of Countries [J]. Quarterly Journal of Economics，1991（2）：407-443.

② 王飞. 人力资本收益激励与企业绩效 [D]. 北京：中国人民大学，2005.

③ 王明杰，郑一山. 西方人力资本理论研究综述 [J]. 中国行政管理，2006（8）：92-95. 江涛. 舒尔茨人力资本理论的核心思想及其启示 [J]. 扬州大学学报（人文社会科学版），2008（6）：84-87.

④ 舒尔茨. 人力资本投资——教育和研究的作用 [M]. 蒋斌，张蘅，译. 北京：商务印书馆，1990：3.

力资本理论研究的代表人物。

罗默（Romer，1986）建立了知识推进型模型，他在考虑资本和劳动生产要素的同时，加入了第三要素——知识。他认为：好的想法和技术发明是经济发展的推动力量，知识的传播以及它的变化和提炼是经济增长的关键；知识是一种生产要素，在经济活动中必须像投入物质资本那样投入知识；专门知识和专业化人力资本不仅自身能形成递增的收益，而且能使资本和劳动等投入要素也产生递增收益，从而使整个经济规模收益递增，保持经济的长期增长。

罗默认为生产要素应扩充为四个：资本、非熟练劳动、专业人力和创意。其模型表达式为：

$G_i=F（K_i，K，x_i）$

其中：G_i为i厂商的产出水平；F为一切厂商连续微分生产函数；K_i为i厂商生产某种产品的专业型知识；K为一切厂商可使用的知识；x_i为i厂商的物力和劳动等追加生产要素的总和。

卢卡斯（Lucas，1988）的人力资本决定增长模型，是利用微观化的分析方法，将人力资本作为核心的内生变量，来解释有关经济增长现象。在分析中，卢卡斯把技术进步具体化为体现在生产中的一般知识和表现为劳动者技能的人力资本。进而，人力资本又分为一个社会或民族所共同拥有的一般化的人力资本和劳动者所具有的特殊的"专业化人力资本"。卢卡斯认为，"专业化人力资本"是经济增长的原动力。卢卡斯的模型由两个模型组成，即"两时期模型"和"两商品模型"。

两时期模型是论述两种类型的资本及其产出的影响模型。在模型中，卢卡斯将资本划分为有形资本和无形资本，把劳动分为纯体力的原始劳动和专业型人力资本，并认为后者才是经济增长的主要动力。该模型基本表达式为：

$h（h）/h（t）=\{h（t）a[I-u（t）]\}/h（t）$

其中：$h（h）$为普通型人力资本；$h（t）$为技能型人力资本；a为人力资本的产出弹性；u为全部时间；$[I-u（t）]$为脱离生产在校学习的时间。

与之类似的是，阿罗（Arrow，1962）指出人力资本作为技术进步的重要推动力量，可以在"干中学"的过程中实现对技术的模仿，并产生相应的技术创新，从而间接带动经济增长。

詹姆士·J.海克曼在《提升人力资本投资的政策》一书中提到："在当前，有关教育和职业培训的政策都建立在对个人掌握技能方式的错误认识之上。他们单纯关注由成绩或IQ测试体现出来的认知技能，对社会性技能、自我约束能力和其他一些决定成功与否的非认知技能则漠不关心。"[①]但事实上，"非认知技能和动机是赢得成功的重要决定因素；同时，与认知技能相比，它们在后天得到显著改善的余地更大"[②]。

在构建人力资本理论的同时，经济学家们通过经验研究来测算人力资本投资对于经济增长的实际贡献，相对早期的研究主要集中在对美国的研究中。舒尔茨采用收益率法则测算了人力资本投资中最重要的教育投资对美国1929—1957年间的经济增长的贡献，其比例高达33%，这个结果后来被广泛引用，作为说明教育对经济作用的依据。爱德华·丹尼森通过精确的分解计算，论证出1929—1957年间，美国的经济增长中有1/5来自教育，由于工人受教育水平的提高，劳动力的平均质量提高了0.97个百分点，对美国国民收入增长率的贡献为0.67个百分点，占实际国民收入增长的23%、人均实际国民收入增长的42%。丹尼森还对影响总体经济增长贡献的5个因素进行了排序，位居首位的是技术创新和管理、组织改进，即"知识进展"，占美国经济增长的31%，超过劳动力、资本的作用。他说："由于知识成倍于生产的发展，它能从既定资源数量提高产出……知识进

① HECKMAN J J. Policies to Foster Human Capital [Z]. NBER Working Paper 7288, 1999. CARNEIRO P, HECKMAN J J. Human Capital Policy [Z]. NBER Working Paper 9495, 2003. 海克曼. 提升人力资本投资的政策 [M]. 曾湘泉，等译. 上海：复旦大学出版社，2003：4.

② HECKMAN J J, RUBINSTEIN Y. The Importance of Noncognitive Skills: Lessons from the GED Testing Program [J]. American Economic Review, 2001 (2): 145-49. HECKMAN J J. Policies to Foster Human Capital [J]. Research in Economics, 2000 (1): 3-56. 海克曼. 提升人力资本投资的政策 [M]. 曾湘泉，等译. 上海：复旦大学出版社，2003：2.

展是最大和最基本的原因。"[1] 除教育水平外，国民健康水平的提升也有利于经济增长。[2]

索洛在《技术变化与总量生产函数》研究报告中，运用柯布-道格拉斯生产函数分析了技术进步的份额。在索洛理论模型中，他研究出了一种把人均产出增长中由技术进步引起的部分和由人均资本占有量的变化引起的部分分开的新方法，从而得到生产力增长中技术进步要素定量化的概念。索洛把生产函数中的 A 解释为技术进步，而非常数。

$$Y=AK^{\alpha}L^{\beta}$$

索洛模型的四个变量分别为：产量（Y）、资本（K）、劳动（L）和知识或者"劳动的有效性"（A）。在任一时间，经济中有一定量的资本、劳动和知识，通过这几个要素的结合生产产品。假定生产函数对于其他两个自变量即资本和有效劳动是规模报酬不变的，则有以下公式：

$$Y(t)=F[K(t), A(t)L(t)]$$

索洛利用以上公式计算的结果，解释了美国 1909—1949 年间 2.9% 的经济增长率中有 51.4% 的贡献来自人力资本。[3]后来的研究确认，大量的研究证据证明人力资本对于收入、职业、就业与失业、生育、经济增长与发展的结构及变迁具有重要性。[4]

美国学者特别强调教育投资对于美国国家财富在世界上的领先地位所起的作用。在"人力资本世纪"，美国在大规模的后初等教育领域领先世界所有国家，并由此奠定了美国领导地位的基础。[5]美国在发展普遍的公

---

① DENISON E F. Accounting for United States Economic Growth, 1929-1969[M]. Washington DC: The Brookings Institution, 1974: 79.

② GROSSMAN M. On the Concept of Health Capital and the Demand for Health [J]. Journal of Political Economy, 1972 (2): 223-255.

③ 秦兴方. 人力资本与收入分配机制 [M]. 北京: 经济科学出版社, 2003: 86-88.

④ PALACIOS-HUERTA I. An Empirical Analysis of the Risk Properties of Human Capital Returns [J]. American Economic Review, 2003 (3): 948-964.

⑤ GOLDIN C. The Human Capital Century and American Leadership: Virtues of the Past [M]. NBER Working Paper 8239, 2001.

共初等学校教育方面领先于世界上任何国家，这种发展绝大部分发生于1910—1940年间。那个时代的"高中运动"使美国的心脏地区迅速形成了"教育带"，这在事实上持续地对人力资本形成做出了贡献并因此构成美国经济快速增长的基础。[①]因此，美国经济优势主要来自它在教育领域强大的领先地位。[②]根据乔根森（D. W. Jorgenson）和弗劳梅尼（B. M. Fraumeni）的估计，人力资本财富在美国1948年至1984年间总财富中的份额达到了惊人的93%左右。在总量水平上，劳动要素至少获得了美国及其他发达国家总收入的2/3。[③]

2.1.3　人力资本与经济增长的微观机制

美国经济学家雅各布·明塞尔（Jacob Mincer）从劳动力供给的角度分析了人力资本与个人收益的关系。明塞尔在1957年纽约哥伦比亚大学完成的博士论文《人力资本投资与个人收入分配》中，运用人力资本投资的方法研究收入分配，认为在每个人都能够自由选择自身的人力资本投资决策条件下，个人基于收入最大化而进行的不同的人力资本投资决策，决定了他们之间收入分配的差异。

研究人力资本理论的另一位代表性人物是加里·S. 贝克尔（Gary S. Becker），他是现代人力资本投资理论基本构架的创造者之一，对人力资本领域的最大贡献在于为人力资本理论提供了坚实的微观经济分析基础，

①　GOLDIN C, LAWRENCE F K. Human Capital and Social Capital: The Rise of Secondary Schooling in America, 1910 to 1940 [Z]. NBER Working Papers 6439, National Bureau of Economic Research, Inc., 1998. BOWLUS A J, ROBINSON C. The Contribution of Post-Secondary Education to Human Capital Stocks in Canada and the United States [Z]. The CIBC Human Capital and Productivity Project, University of Western Ontario, 2005.

②　GOLDIN C, KATZ L F. The Legacy of US Educational Leadership: Notes on Distribution and Economic Growth in the 20th Century [J]. American Economic Review, 2001 (2): 18-23.

③　JORGENSON D W, FRAUMENI B M. The Accumulation of Human and Nonhuman Capital, 1948-1984 [M] // LIPSEY R, TICE H eds. The Measurement of Saving, Investment, and Wealth. Chicago: University of Chicago Press, 1989: 227-282.

并使之数学化、精细化和一般化。他提出了人力资本投资-收益的均衡模型，指出，一切投资活动，无论是物质资本还是人力资本的投资活动，在均衡点上其收益率都是相等的。换言之，人力资本投资的边际收入等于边际成本。从此观点出发，他对正规学校教育和在职培训在人力资本形成中的地位和作用、教育和培训投资的收入效应和收益率计量以及人们在这方面的决策行为进行了深入的理论和经验分析，指出"唯一决定人力资本投资量的最重要的因素可能是这种投资的有利性或收益率"[1]。但是，影响人力资本投入的因素不仅仅局限于对收益的考虑，劳动力市场的摩擦也抑制了人力资本的交易与增长，当市场主体、人力资本所有者都从人力资本投入中获得收益时，市场主体更倾向保留并扩大人力资本为其创造的价值，这就与人力资本所有者的永久所有权产生了矛盾。[2]

在更为细致的企业层面，人力资本投入与企业绩效的关系得到了众多学者的关注与证明，[3]人力资本与企业岗位的匹配研究也逐渐受到重视。[4]管理部门往往将对雇员的人力资本投入与其个人工作承诺结合起来，从而形成了专攻某一职业能够提升人力资本水平与就业结果质量的趋势。[5]从企业发展角度看，企业特有的、无法被模仿的人力资本是其保持持续竞争优势的源泉，促使这种人力资本优势得以长期存在的基础是经理部门与雇

① 贝克尔. 人力资本 [M]. 梁小民，译. 北京：北京大学出版社，1987：42.

② CHADWICK C. Toward a More Comprehensive Model of Firms' Human Capital Rents [J]. The Academy of Management Review，2017，42（3）：499-519.

③ BENTLEY F S，KEHOE R R. Give Them Some Slack-They´re Trying to Change! The Benefits of Excess Cash，Excess Employees，and Increased Human Capital in the Strategic Change Context [J]. The Academy of Management Journal，2018，63（1）：181-204.

④ WELLER I，HYMER C，NYBERG A J，et al. How Matching Creates Value，Cogs and Wheels for Human Capital Resources Research [J]. The Academy of Management Annals，2019，13（1）：188-214.

⑤ GALPERIN R V，HAHL O，STERLING A D，et al. Too Good to Hire? Capability and Inferences about Commitment in Labor Markets [J]. Administrative Science Quarterly，2020，65（2）：275-313.

员在人力资本归属上的一致性承诺。①而在与另外一种资本——社会资本——相联系时，人力资本所代表的知识、技能、能力等内容的可移植性会显著降低，且雇员提供的绩效越高，企业发展得越好，这种与社会资本相联系的流动性就越低。②但社会资本与人力资本的互补性是不可或缺的，社会网络视角下企业内外的人力资本流动能够扩展资源传递途径，从而转化为更高的绩效，③这可以从近年来部分制造业企业不断深化的内部岗位培训与外部技能培训相结合的趋势中得到更好的解释。

与国内情境相结合时，相关研究表现得更为具体。在人口红利逐渐消失、人口老龄化程度不断加深且劳动力数量绝对数值下降的背景下，人力资本的提升不仅可以弥补劳动力数量绝对数值的下降对经济增长的负面影响，也有利于效率的提升和创新的驱动；人力资本不仅包括劳动者的知识和技能，还包括劳动者的健康，且健康期望寿命每增加10年，经济增速将提升1%。④在与技术结合在一起时，人力资本、科技创新以及二者的交互作用能够显著推动经济发展，其中人力资本的作用最大。⑤关于人力资本对经济增长贡献的直观研究，现有测算得出的结果是：改革开放以来中国人力资本增长对经济增长的平均贡献率为22%。⑥自2015年起，国内非

---

① RAFFIEE J，COFF R. Micro-Foundations of Firm-Specific Human Capital：When Do Employees Perceive Their Skills to Be Firm-Specific? ［J］. The Academy of Management Journal，2015，59（3）：766-790.

② RAFFIEE J，BYUN H. Revisiting the Portability of Performance Paradox: Employee Mobility and the Utilization of Human and Social Capital Resources ［J］. The Academy of Management Journal，2020，63（1）：34-63.

③ JESSICA M，EMILY R-S，DAVID A. The Network Architecture of Human Capital：A Relation Identity Perspective ［J］. The Academy of Management Review，2018，43（4）.

④ 余静文，苗艳青. 健康人力资本与中国区域经济增长 ［J］. 武汉大学学报（哲学社会科学版），2019（9）：161-175.

⑤ 徐维祥，姜丽佳，徐志雄. 人力资本、科技创新与信息经济发展关系研究 ［J］. 科技进步与对策，2019（7）：76-84.

⑥ 崔岫，姜照华. 人力资本在中国经济增长中的贡献率 ［J］. 科学学与科学技术管理，2011（12）：168-172.

标自动化、计算机化等相关智能设备的技术条件日臻成熟，应用范围不断扩展，运行程序更加复杂，对设计人员与一线劳动者的技能要求逐渐提高，技能偏向性技术进步的特征明显，技术与技能的相互推动要求劳动者进一步增加对自身的人力资本投资。同时，随着近年来人力资本理论的不断发展，有关心理资本开发与管理的内容逐步受到学者们的重视，研究内容由职业逐步扩展到人群、行业及地区等方面。[①]

2.1.4　人力资本投资与劳动者素质提升

人力资本投资是有利于提高劳动者素质与能力（知识存量、健康水平、技术能力）的经济行为，是凝结在劳动者身上具备相应经济价值的知识、健康与技能等综合要素的总和。[②]基于已有研究考虑，知识投资依赖于劳动者接受的教育，健康投资以生命周期角度劳动者的身体素质与心理状况为基础，技能投资包含专业（职业）教育、培训以及"干中学"等方面的内容。

知识（教育）投资作为劳动者进入劳动力市场之前最重要的投资内容，可以从家庭投资和公共投资两方面进行分析。劳动者家庭的知识（教育）投资体现了父母与家庭环境对劳动者能力形成的早期影响。[③]在这一过程中，较高的父母参与程度与能力水平、良好的家庭环境与家庭条件是劳动者形成早期认知能力的重要推动力量。[④]而弱势家庭劳动者在早期能

① 仲理峰. 心理资本对员工的工作绩效、组织承诺及组织公民行为的影响 [J]. 心理学报，2007（2）：328-334.周文霞，谢宝国，辛迅，等. 人力资本、社会资本和心理资本影响中国员工职业成功的元分析 [J]. 心理学报，2015（2）：251-263.

② 毕菲. 我国人力资本投资对经济增长的影响研究 [D]. 长春：吉林大学，2018.

③ CUNHA F, HECKMAN J J, LOCHNER L, et al. Interpreting the Evidence on Life Cycle Skill Formation [M] //HANUSHEK E, WELCH F. Handbook of the Economics of Education: Volume 1. Amsterdam: North Holland Publishing Co., 2006: 697-812.

④ HECKMAN J J, LARENAS M I, URZUA S. Accounting for the Effect of Schooling and Abilities in the Analysis of Racial and Ethnic Disparities in Achievement Test Scores [Z]. University of Chicago, 2004.

力形成过程中的知识（教育）投资缺失，则可以通过公共投资来弥补，包括儿童时期的早期投资、成长阶段的追踪投资以及成年后的后期干预投资三部分。[①]在早期投资中，公共投资介入得越早，对弱势家庭儿童认知能力提升的效果就越好，所需要的成本也越低，是投资回报率最高的投资阶段。追加投资则是确保早期投资效果最大化的必要手段，生命周期中不同投资阶段的动态补充效应证实了追踪投资缺失对劳动者成长过程中相关能力发展的不利影响。[②]后期干预投资的主要内容是提高劳动者的非认知能力，以提高劳动者在进入劳动力市场后的经济表现。[③]

健康人力资本投资也可以区分为私人投资与公共投资。公共健康投资往往与政府的医疗卫生支出紧密联系在一起，现有研究集中表现了医疗卫生支出对不同地区、不同群体健康人力资本水平的影响，以及对经济发展的带动作用。从国内实践考虑，医疗卫生支出的增长能够显著提高欠发达地区劳动者的身体素质，进而为地区经济发展提供更多活力，但这一效应存在区域异质性。[④]私人健康投资主要包括劳动者个体的营养保健与医疗服务支出，也包括居住环境的改善投资，它同样有利于提高劳动者的综合素质与劳动能力，但贡献度小于公共健康投资。[⑤]同时，健康投资与知识（教育）投资也存在一定的替代现象，即在知识（教育）投资通过经验积累提高劳动者能力的条件下，劳动者的健康程度越高，经验

① 李晓曼，曾湘泉. 新人力资本理论——基于能力的人力资本理论研究动态 [J]. 经济学动态，2012（11）：120-126.

② LUDWIG J, MILLER D L. Does Head Start Improve Children's Life Chances? Evidence from a Regression Discontinuity Design [J]. The Quarterly Journal of Economics，2007，122（1）：159-208.

③ CUNHA F, HECKMAN J J. Investing in Our Young People [Z]. NBER Working Paper No.16201，2010：365-386.

④ 谢智康，杨晶. 政府卫生支出、健康人力资本与农村经济增长 [J]. 统计与决策，2020（7）：41-45.

⑤ 封岩，柴志宏. 健康人力资本对经济增长的影响 [J]. 经济与管理研究，2016（2）：21-27，123.

积累的贡献越小，表明在前期劳动者能力、经验不足的情况下，健康人力资本存量的提升有利于劳动者能力的发挥。[①]值得注意的是，健康资本的投入效果存在一定的滞后性，且在劳动者健康人力资本存量达到一定水平时，对劳动者身体素质的提高效应边际递减，并会在一定程度上影响经济增长效率。[②]

在技能投资过程中，公共投资在资源供给、技能类型、受益群体以及需求差异等方面难以完全满足社会技能需求，需要来自个人和企业的私人投资承担这一过程中的相应责任。近年来，随着互联网企业的迅速发展与制造业中非标自动化、计算机化的广泛应用，工作过程对复杂认知与操作技能的需求越来越明显，对技能人力资本投资形成了更高标准。因此，在企业主导下伴随劳动者积极参与的技能投资将成为技能人力资本形成与提升的重要途径。王彦军在 2017 年 11 月至 2018 年 9 月对北京、上海、杭州、深圳等地互联网公司与制造业企业的调研中发现，这些企业的高技能劳动者的技能投资轨迹具有相似性，即通过院校学习获得基本从业技能后，其技能人力资本的增量依赖于企业提供的实践机会与培养资源。由此形成的企业专用性技能人力资本不仅能够实现劳动者技能水平提升的长期性，也能够有效降低企业培训成本，并形成对劳动者技能水平的准确评价。[③]

2.2 高质量发展对劳动者素质的具体要求

这一部分将从具体内容出发，以人力资本生命周期理论为基础，从劳

---

① 赵昕东，李翔. 教育与健康人力资本对劳动生产率的影响 [J]. 社会科学战线，2020 (5)：53-60.
② 王弟海，李夏伟，黄亮. 健康投资如何影响经济增长：来自跨国面板数据的研究 [J]. 经济科学，2019 (1)：5-17.
③ 王彦军. 日本劳动力技能形成研究——基于人力资本理论的分析 [D]. 长春：吉林大学，2008.

动者的生命、工作周期角度对高质量发展时期有关劳动者综合素质、教育资源、技能水平以及培训的要求与现实情况进行对比，结合同时期部分地区、国家的数据进行比较，寻找进一步提升的空间。在人力资本（存量）的周期中，劳动者的受教育年限与其人力资本的积累联系密切，可以较为明确地划分为快速积累期、缓慢积累期、缓慢衰退期以及快速衰退期四个阶段。[①]具体而言，在考察劳动者素质时，借助人均预期寿命（出生时）、营养摄入状况以及心理健康指标对身体健康和心理健康两方面内容进行综合考虑；在考察劳动者受教育水平时，主要涉及中等教育和高等教育两个方面；在考察劳动者技能水平时，在数量方面选择了体现特定劳动者队伍发展情况的科技人员数量指标，在质量方面选择了体现劳动者技能发挥情况的全员劳动生产力指标；在考察劳动者培训情况时，主要通过职业培训机构数量和招生数量体现现阶段职业培训基础与高质量发展要求之间的差距。

2.2.1　高质量供给对劳动者技能水平提出更高要求

高质量发展的必要条件是高质量供给，后者要求供给体系的高质量、高效率与高稳定性。[②]高质量发展背景下开展的供给侧结构性改革工作是进行产业转型升级的重要内容之一，生产技术与设备的升级需要相关劳动者随之提升其技能水平作为转型之后产业发展的人员、技术基础。从这一角度考虑，劳动者的生产率表现代表的是转型之后人与设备、技术相结合的程度与能力。

此外，在高质量要求下，最核心的高质量发展能力，就是不断提高劳动力的技能。高质量发展道路上要面对的一个基本问题就是从依赖劳动力

①　BEN-PORATH Y. The Production of Human Capital and the Life Cycle of Earnings［J］. Journal of Political Economy，1967（4）：352.

②　孙学工，等. 推动经济高质量发展研究［J］. 宏观经济研究，2019（2）：5-17，91.

红利的发展模式，转向依赖人力资本质量的发展模式。实现这一转变的关键在于劳动者学习能力的塑造。

高质量发展的本质是要实现创新驱动，而创新完全依赖于人的创造力，这一创造力主要取决于人的学习能力。实际上，劳动力学习能力的重要来源就是"干中学"，也就是通过团队的合作与知识交流来推动技能的提升，特别是掌握更多的隐性知识。随着智能化和数字化技术的普及应用，尤其是"机器换人"速度的加快，劳动力人群应进一步加大对新技能学习的投资，而专业技术人员作为高技能劳动力，也同样需要通过终身学习来实现技能的创新提高。[1]

创新能力的投资是培育创新型人力资本的重要内容之一。要进一步完善人才挖掘、培养与使用机制，夯实劳动者的人力资本积累，打造知识型、技能型和创新型的劳动者队伍。[2]

2.2.2　高质量需求对劳动者综合素质提出更高要求

促进高质量需求的基础是现已形成的最大规模的中等收入人群（根据国家统计局2017年的计算，超过4亿人），城市化水平不断提升，内需市场十分广阔。而根据国家统计局2017年的预测，2015—2025年（体力）劳动力市场每年减少约1 000万适龄人口，累计减少的适龄人口将占目前人口数量的10%左右。在劳动者数量减少的背景下，提高劳动者（身心）质量以减小其疾病风险、提高其生命预期，有利于保障劳动者身心健康，提高劳动者的消费预期与能力，满足促进高质量需求的需要。

劳动者的身心健康可以从预期寿命、营养状况以及心理健康等指标来

---

[1]　程虹. 高质量发展，关键在于人 [EB/OL]. [2020-11-05]. https://www.yicai.com/news/5392581.html.

[2]　孙学工，等. 推动经济高质量发展研究 [J]. 宏观经济研究，2019（2）：5-17，91.

考察，这与新人力资本理论有关认知能力与非认知能力的表述基本一致。其中，劳动者心理健康是与其非认知能力紧密结合在一起的。后者包含个人的情感、性格、偏好等因素，非认知能力的形成与后天所处环境有很大关系。[1]以新生代农民工健康为例，预期寿命和营养状况可以通过身体质量指数（BMI）、体测指标、自评健康状况以及 SF-12 生命质量量表等进行研究；心理健康可以通过"简要症状量表"（BSI）、症状自评量表（SCL-90）、K6 量表以及一般健康问卷（CHQ-12）等测量标准获得。[2]新生代农民工由 2010 年的 9 976 万人增长到 2014 年的 11 553 万人，年均增长 4%[3]，已经成为农民工群体主要构成人群[4]。在这一背景下，从个人特征、流动特征、社会支持等方面保障其心理健康，特别是提高其文化适应能力，有利于提高新生代农民工对就业城市的归属感与认同感。[5]

2.2.3 高质量投入产出对劳动者培训内容提出更高要求

市场经济的竞争，本质上是投入产出比的竞争，是效率的竞争，产品质量与生产效益都是高质量发展的要求。[6]高质量投入产出注重内涵式发展，发挥人力资本红利，提高劳动生产率，提高土地、矿产、能源资源的集约利用程度，增强发展的可持续性。在经济转型发展过程中，需要适应新技能需求的劳动者，其来源有二：一是职业教育；二是在岗劳动者的培训。

我国劳动力整体素质与加快转变经济发展方式的要求还不适应，受教

---

① 陈晓菲，杨伟国，王江哲. 电视媒体对老年人认知水平与非认知水平的影响——基于新人力资本理论的视角 [J]. 人口与发展，2018（6）：29-38.

② 卢海阳，邱航帆，杨龙，等. 农民工健康研究：述评与分析框架 [J]. 农业经济问题，2018（1）：110-120.

③ 王荣. 新生代农民工数量的测算 [J]. 统计与决策，2017（20）：93-96.

④ 唐灿，冯小双. "河南村"流动农民的分化 [J]. 社会学研究，2000（4）：72-85.

⑤ 程菲，李树茁，悦中山. 文化适应对新老农民工心理健康的影响 [J]. 城市问题，2015（6）：95-103.

⑥ 张建刚. 推动我国经济迈向高质量发展 [J]. 红旗文稿，2018（10）：23-24.

育水平总体较低，职业技能水平不高，高素质技术工人匮乏，人力资本投入不足等问题较为突出。2018年中华全国总工会开展的第八次职工队伍状况调查显示，城镇职工高中及以上学历的占比约为92%，但农民工相同受教育水平人员占比为71.8%。在新技术不断应用的背景下，职工素质已经成为影响我国经济发展方式转变、经济结构战略性调整的重要因素，加强职业技能培训、提高职工素质是当务之急。

私营企业调查数据显示，70%的私营企业认为"大学生在校期间学到的知识实用性不强，用人企业需要再次培训"；个体户调查数据显示，60%的个体户认为"大学生在校期间学到的知识实用性不强，用人企业需要再次培训"。这表明开展大学生入职培训是非常有必要的。私营企业调查数据显示，有20%的私营企业认为，如果政府想促进企业吸纳更多就业，那么有必要帮助企业建立更多的实习培训机构。[①]

此外，在教育资源配置方面，实现高质量的配置需要充分发挥市场配置资源的决定性作用，提高资源配置效率。在高质量发展背景下，在劳动者教育方面的资源配置需要根据劳动者现阶段的受教育水平进行优化。

2.3　现阶段劳动者素质与高质量发展要求间的差距

从劳动者的技能水平、综合素质、受教育情况以及接受培训的情况考虑，现阶段不同地区、不同群体间的差异明显，贫困、偏远地区劳动者素质提升面临很大困难，农民工、转型产业劳动者的技能培训仍有很大发展空间，大学生的专业技能与其实际工作需求之间的匹配程度也存在很大问题。

2018年国务院发展研究中心在从经济角度解释高质量发展的要求时，

---

① MORGAN J P，清华大学，复旦大学. 中国劳动力市场技能缺口研究 ［R］. 2017.

阐述道："高质量发展，意味着高质量的供给、高质量的需求、高质量的配置、高质量的投入产出、高质量的收入分配和高质量的经济循环。"其中，"推动高质量的供给，就是要提高商品和服务的供给质量；促进高质量的需求，要促进供需在更高水平实现平衡；实现高质量的配置，就是要充分发挥市场配置资源的决定性作用；实现高质量投入产出，就是要更加注重内涵式发展，扭转实体经济投资回报率逐年下降的态势；实现高质量的分配，就是要推动合理的初次分配和公平的再分配；促进高质量的循环，就是要畅通供需匹配的渠道"①。

2.3.1 劳动者技能水平未达到高质量供给的要求

在现阶段的劳动者队伍中，每年新增的技术人员占比仍处于缓慢发展阶段；全员劳动生产率与主要经济体（国家）相比处于低位；数字技术的发展对劳动者的常规技能需求提出了挑战。

（1）技术人员占比较低，难以满足转型要求

高质量的供给，即提高商品和服务的供给质量。我国拥有全球门类最齐全的产业体系和配套网络，但从表2-1可以看出科技人员所占比例与发达国家相比仍然处于低位。同时，许多产品仍处在价值链的中低端，部分关键技术环节仍然受到限制，主要原因就是一线劳动者技能水平仍不能满足现阶段产业转型升级的要求。例如，2016年中国三方同族专利数远低于美国与日本，差距分别为20%与17%；同时，在涉及光刻机、芯片、电子终端操作系统、精密制造工具研发等35项关键核心技术方面与发达国家的技术差距在10年左右。②

① 李伟. 人民日报财经问道：高质量发展有六大内涵［N/OL］.［2020-11-05］. http://paper.people.com.cn/rmrbhwb/html/2018-01/22/content_1831635.htm.
② 孙学工，等. 推动经济高质量发展研究［J］. 宏观经济研究，2019（2）：5-17，91.

表2-1 部分国家科技人员数量对比

国家	年份	R&D人员 (万人年)	万名就业人员 R&D人员数 (人年/万人)	R&D研究人员 (万人年)	万名就业人员 R&D研究人员数 (人年/万人)
中国	2016	387.8	50.0	169.2	21.8
澳大利亚	2010	14.8	132.0	10.0	89.7
巴西	2010	26.7	21.7	13.9	11.3
加拿大	2013	22.7	125.6	15.9	88.2
法国	2015	42.9	155.7	27.8	100.9
德国	2015	64.1	148.8	38.8	90.1
意大利	2015	24.8	101.4	12.1	49.3
日本	2015	87.5	132.2	66.2	100.1
韩国	2015	44.2	170.4	35.6	137.4
荷兰	2015	12.8	146.0	7.7	87.6
波兰	2015	10.9	68.4	8.3	51.7
俄罗斯	2015	83.4	115.3	44.9	62.1
西班牙	2015	20.1	108.7	12.2	66.3
土耳其	2015	12.2	45.9	9.5	35.7
英国	2015	41.7	133.1	28.9	92.5
美国	2015	—	—	138.0	91.4

数据来源：OECD. Main Science and Technology Indicators [DB]. 2017.

（2）制造业全员劳动生产率低，影响重点产业发展

全员劳动生产率是指工业增加值与全部工业从业人员的比值，通常与经济增长速度高度相关。劳动生产率成为决定一国经济是否具有未来增长性的标志性指标。[①]从国家统计局公布的数据看，1995—2015年中国单位

——————————

① 张翼. 中国劳动生产率提升：增速快但不容歇脚 [N]. 光明日报，2016-09-18（2）.

劳动生产率年均增长8.6%，远高于世界平均水平（1.2%）。然而，高速增长并不意味着中国的劳动生产率很高，实际上中国制造业全员劳动生产率与发达国家相比仍处于较低水平，详见表2-2。

表2-2　　　　　　2015年7国制造业全员劳动生产率统计

国家	制造业全员劳动生产率（美元/人）
中国	2.31
美国	11.18
日本	11.02
德国	10.21
英国	7.14
法国	7.35
韩国	9.22

数据来源：中国工程院．中国制造强国发展指数报告［R］．2016.

在普通蓝领工人或普通技术工人方面，2019年5月人力资源和社会保障部公布的劳动力市场技工求人倍率一直维持在1.5以上，高技能人才求人倍率维持在2以上，这表明现阶段的制造业仍然存在供求失衡问题。产生这一问题的原因可能是劳动者就业、择业观念的变化，但更多的是劳动者技能水平还不适应高质量供给的需要。这一问题可以从制造业全员劳动生产率的对比中得到体现。根据《2015中国制造强国发展指数报告》①选择的部分主要工业化国家相关指标对比，2014年中国制造业综合指数位列第四（见表2-3），且与前三名差距明显，表明现阶段中国的制造业产

---

① 中国工程院．《中国制造强国发展指数报告》正式发布［EB/OL］．［2020-11-05］. http://www.cae.cn/cae/html/main/col1/2016-07/01/20160701085827791756672_1.html.

业转型升级仍有很大提升空间，同时也需要作为人员基础的劳动者技能水平进一步提高。

表2-3　　　　　　　　2012—2014年9国制造强国综合指数评分

排名	2012年		2013年		年增长	2014年		年增长
1	美国	156.12	美国	158.5	2.38	美国	161.05	2.55
2	日本	126.1	日本	122.98	-3.12	德国	123.59	2.71
3	德国	119.49	德国	120.88	1.39	日本	122.23	-0.75
4	中国	89.48	中国	94.02	4.54	中国	96.36	2.34
5	韩国	69.62	韩国	71.58	1.96	韩国	72.44	0.86
6	法国	67.14	法国	66.46	-0.68	法国	66.38	-0.08
7	英国	61.52	英国	62.16	0.64	英国	64.18	2.02
8	印度	39.64	印度	39.71	0.07	印度	40.89	1.18
9	巴西	33.33	巴西	28.7	-4.63	巴西	28.57	-0.13

资料来源：中国工程院. 中国制造强国发展指数报告［R］. 2016.

同时，代表着劳动者技能水平及其与技术、设备结合能力的全员劳动生产率仅为2.31美元/人，中国在9个国家中排名第七，仅高于巴西（0.39美元/人）和印度（0.69美元/人）两国。

中国的制造业指数排名靠前而全员劳动生产率排名居后，这表明在新常态及新时代阶段，技术条件虽有影响，但已不再成为制约制造业发展的主要问题，劳动者技能将成为影响单位生产率进而影响制造业发展的主要原因。结合《中国制造2025》关于"全员劳动生产率明显提高"的要求，未来劳动者技能水平的提高对于制造业的发展至关重要。

（3）数字技术影响初显，常规技能面临挑战

近年来，数字经济和人工智能技术的发展在不断创造新类型就业岗位的同时，也在逐渐替代部分传统岗位，与之对应的一些常规技能逐渐失去其应用空间。现有研究认为随着科技进步，低技能零工从业者们会被机器、人工智能等替代，最有用的解决方案同样是增强对他们的职业技能培训，培养新的工作技能。[①]而新培养的能力与其掌握的低水平常规技能有很大差异，拥有适应市场需求的技能是零工经济工作者们的生存之道。[②]

随着人工智能技术的日益发展，从技能类型角度考虑，常规任务及技能需要将慢慢消失，工作在交通运输、后勤服务、办公文员以及部分生产部门、流水线作业岗位上的劳动者都面临被替代的风险。[③]关于未来的技能发展方向，欧洲政治战略中心（European Political Strategy Center）在其2018年的报告《人工智能时代：确立以人为本的欧洲战略》（The Age of Artificial Intelligence: Towards a European Strategy for Human‑Centric Machines）中提出部分劳动者确实会因为人工智能等技术的应用而失业，但未来的重点在于改造其掌握的常规技能，促进其技能的过渡与提升，促使劳动者技能与新技术、新设备需求相匹配，使其逐渐具备技术、技能发展基础上的创新能力，实现劳动者技能、价值与人工智能发展水平的同步提高。

2.3.2 劳动者综合素质未满足高质量需求的要求

在我国已经形成规模最大的中等收入群体的背景下，公共医疗服务水

① TEPPER S J. What Does it Mean to Sustain a Career in the Gig Economy? [R]. National Endowment for the Arts, 2016.

② DIANE M. Will the Gig Economy Make the Office Obsolete? [J]. Harvard Business Review, 2017 (3): 2-4.

③ FREY C B, OSBORNE M A. The Future of Employment: How Susceptible Are Jobs to Computerization? [J]. Technological Forecasting & Social Change, 2017 (114): 254-280.

平较低给劳动者带来的负担还比较重，不同地区间的劳动者身心综合素质差异明显，生存、发展需求层面不一，难以支撑稳定、持续的内需市场。在身体素质方面，贫困问题导致偏远地区劳动者预期寿命、营养状况并不理想；在心理健康方面，工作场所内部劳动者的心理问题与其他国家、地区相比较为明显。

（1）预期寿命整体水平仍然偏低，西部地区明显落后

出生时的预期寿命是最常用的度量人口健康状况的指标之一，它表明了新出生人口平均预期可存活的年数。[①]人口预期寿命的长短受两方面条件的制约：一是社会经济条件、卫生医疗水平；二是体质、遗传因素、生活条件等个人差异。所以说，虽然难以预测具体某个人的寿命有多长，但可以通过科学的方法计算并告知在一定的死亡水平下，预期每个人出生时平均可存活的年数，即人口平均预期寿命。此外，人口平均预期寿命具有重要意义，它是衡量一个社会的经济发展水平及医疗卫生服务水平的指标。[②]中华人民共和国成立以来，由于党和政府对人民生活的关心重视，社会经济发展和医疗卫生服务的水平有了迅猛提高，中国人口的平均预期寿命更是直线上升。[③]

根据OECD的标准，出生时预期寿命的增加可归因于许多因素，包括日益提高的生活水平，改善的生活方式和更好的教育，以及获得更多优质的卫生服务。通过图2-1可以发现，在参与比较的24个国家中，中国女性的预期寿命（出生时）不到78岁，处于最低水平；男性的数据略高于部分欧盟国家，排名第18位，但仍处在相对较低水平；总体预期寿命（出生时）偏低，排在最后。以上数据表明中国现阶段劳动者的预期寿命整体偏低。同时，结合衡量人的生活水平时最常用的指标——人均GDP

---

① 王军平. 中国人口发展指数研究［J］. 人口学刊，2010（2）：5-10.

② 胡英. 中国分城镇乡村人口平均预期寿命探析［J］. 人口与发展，2015（2）：41-47.

③ 智研咨询. 2017中国各省人均寿命排行、人均寿命城市排名及世界人口平均预期寿命对比分析［EB/OL］. ［2020-11-05］. http://www.chyxx.com/industry/201709/564463.html.

来看，同时期中国的年人均GDP为9 380美元，在参与比较的24个国家中也处于最低水平，表明中国在提高劳动者生活水平、提升劳动者身体素质方面与欧盟国家相比仍有很大差距。

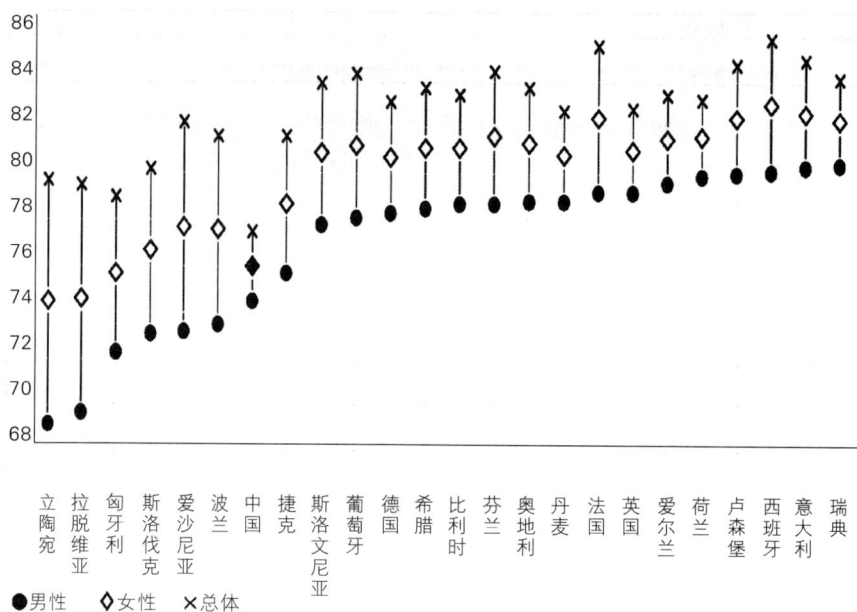

图 2-1　中国与部分欧盟国家预期寿命（出生时）比较

数据来源：经合组织2018年统计数据。

此外，从人均预期寿命的地区差异考虑，2010年中国人均预期寿命为74.83岁，但同时期青海（70.0岁）、西藏（68.2岁）、云南（69.5岁）、贵州（71.1岁）、甘肃（72.2岁）地区的人均预期寿命均低于全国平均水平，但结合各省（自治区、直辖市）人均预期寿命的增幅来看，自1990年至2010年的20年间，西部地区的人均预期寿命增幅最为明显，青海为9.4岁，西藏为8.5岁，云南为6.1岁，贵州为6.8岁，显著高于东部地区

5.0 岁左右的平均增幅①。这表明国家对西部地区发展的重视与巨大投入对当地人均预期寿命的提高有很大帮助。因此，今后仍需进一步增加对西部地区发展的支持，特别是在社会保障、医疗卫生、基础设施建设等方面加大扶持力度。

（2）营养状况未来预期仍不理想，贫困地区现状堪忧

劳动者自身的发展是最根本的发展，是经济、社会等各方面发展的原动力。决定劳动者自身发展状况即人口素质的三个要素是遗传、营养和教育。其中，遗传是先天的、短时间内难以改变的要素，而营养和教育则是后天的、可以改变的要素。人一旦出生，就只有"营养"和"教育"两要素的变化可以影响其总体素质的形成。在这两者中，"营养"决定着人们体格、智力的生长发育及健康维护状况，即决定人类"硬件"，而"教育"决定人们知识、道德等状况，即决定人类"软件"。可以看出，"硬件"和"软件"之间存在相互依存、相互支持的关系。②营养对人类自身发展、人口素质有着十分重要的影响，营养不良的危害有如下四点：第一，体力不足、劳动能力降低。营养不良直接影响人体生长发育，如缺乏钙和维生素D可能造成骨骼生长不良，缺乏维生素A可能导致双目失明等。第二，营养不良与急性、传染性疾病互为因果，形成恶性循环。许多急性、传染性疾病往往是由营养不良引起的，而这些疾病又会加重营养不良，两者相互作用，形成恶性循环。第三，营养不良是许多慢性疾病的潜在原因。联合国儿童基金会一系列的研究显示，个体在胎儿期和婴儿期的营养受到损害，成年后易患诸如心血管疾病、肥胖症、高血压以及糖尿病等疾病。这些被称为"富裕病"的慢性病，其实有不少根源于婴幼儿时期的营养不

---

① 2018年中国人均预期寿命为77岁，健康预期寿命为68.7岁。同时，从官方的统计数据看，由于仅有2010年的统计记录了分地区人均预期寿命数据，之后的历年数据均未分地区详细记录，为保证对比的有效性，仅用2010年数据进行对比。具体内容可查阅：http://www.stats.gov.cn/tjsj/ndsj/2013/indexch.htm。

② 于小冬，周海春. 公众营养与社会经济发展［M］. 北京：中国经济出版社，2006.

良，只不过因为过于遥远和隐蔽而被人忽视。第四，营养不良会世代相传，形成恶性循环。例如，营养不良的女童长大后会变成矮小的妇女，而矮小的妇女比一般妇女更有可能生下低体重婴儿，从而使营养不良世代相传，如果不采取一定措施，此过程就会循环往复，从而抑制人口素质的提高。①

2004年10月12日卫生部、科技部、国家统计局联合发布的《中国居民营养与健康现状》显示，我国城市居民的膳食结构仍需要进一步调整与改善，钙，铁，维生素A、B1、B2等微量元素缺乏，城市居民谷类食物供能占比为47%，低于55%～65%的合理区间，且奶类、豆制品摄入量过低仍是全国普遍存在的问题，在事实上形成了世界卫生组织与联合国粮农组织所界定的"隐性饥饿"，即在饮食结构中缺少维生素或矿物质。《中国居民营养与健康状况监测2010—2013年综合报告》显示，我国居民的营养素需要量基本得到了满足，膳食质量和健康水平得到了进一步提高，人群的营养状况得到进一步改善，但因缺乏科学的营养指导，居民膳食结构仍然不尽合理，微量营养素缺乏和营养失衡并存的现象依然存在，高血压和糖尿病等慢性疾病的患病率较2002年明显增加。中国疾病预防控制中心营养与健康所的专家指出，若无强有力的干预，或不能使儿童、青少年养成并保持良好的生活习惯，中国将重蹈美国的覆辙，糖尿病、肥胖症、心血管病的患病水平在20～30年后将达到美国目前的水平，即30%。无论是"隐性饥饿"还是营养过剩，都不利于未来的劳动者身体素质基础的坚实发展。

贫困地区的问题表现得更为明显。以贫困地区婴幼儿营养摄入状况为例，根据2015年全国妇联与国家卫计委联合发布的《中国贫困地区0～6岁儿童营养及家庭养育状况》②，虽然中国农村贫困地区婴幼儿的"低体

---

① 于小冬. 公众营养现状及发展 [R]. 2018.
② 该报告指出全国处于极端贫困的3 597万人中0～6岁的儿童有330万～400万人。

重率"与"生长迟缓率"自21世纪初期以来有所改善，但依然是城市地区的6~8倍；贫困地区儿童早期锌缺乏比例高达50%以上，维生素A缺乏率是大城市同龄儿童的6倍多。该报告指出，贫困地区0至6个月婴儿纯母乳喂养率不高，仅为24.8%，且呈现出下降趋势。这一数字低于全球38%和全国27.6%的平均水平。此外，问题还表现为：贫血患病率依旧较高，2岁以下儿童贫血问题尤为突出；其他微量营养素缺乏状况不容乐观；婴幼儿辅食添加时间过早或过晚，种类单一，营养摄入量不足等。此外，该报告也指出，考虑到中国农村地区留守儿童人数众多的现状，外出务工父母与留守儿童的亲子关系及对留守儿童心理健康的影响也需要重点考虑。

（3）心理健康现实情况不容乐观，工作场所问题突出

健康不仅是指没有疾病，还包括生理、心理方面的理想状态和良好的社会适应能力。[1]2016年国家卫计委、中宣部等22部门联合发布的《关于加强心理健康服务的指导意见》将心理健康定义为：人在成长和发展过程中，认知合理、情绪稳定、行为适当、人际和谐、适应变化的一种完好状态，是一种持续性的心理活动状态。健康、积极的心理状态可以理解为劳动者作为人力资本的所有者而具备的心理资本，是在工作中体现出的自信或自我效能感、乐观态度、希望以及坚韧性的统一，影响着劳动者个人的工作态度与绩效产出。[2]心理健康是健康的重要组成部分，关系广大人民群众幸福安康，影响社会和谐发展。加强心理健康服务、健全社会心理服务体系是改善公众心理健康水平、促进社会心态稳定和人际和谐、提升公众幸福感的关键措施，是培养良好道德风尚、促进经济社会协调发展、培

---

① 1989年世界卫生组织还从10个维度丰富了对健康的描述，其中有关心理健康的内容表述为"具备足够且充沛的精力，可以从容应对日常生活与工作的压力，且不过分紧张；乐观处事、态度积极；善于休息，睡眠良好；应变能力强，可以适应外部环境的变化"。

② LUTHANS F, LUTHANS K W, LUTHANS B C. Positive Psychological Capital: Beyond Human and Social Capital [J]. Business Horizons, 2004, 47 (1): 45-50..

育和践行社会主义核心价值观的基本要求，是实现国家长治久安的一项源头性、基础性工作。[①]

《关于加强心理健康服务的指导意见》强调我国正处于经济社会快速转型期，人们的生活节奏明显加快，竞争压力不断加剧，个体心理行为问题及其引发的社会问题日益凸显，引起社会各界广泛关注。一方面，心理行为异常和常见精神障碍人数逐年增多，个人极端情绪引发的恶性案（事）件时有发生，成为影响社会稳定和公共安全的危险因素；另一方面，心理健康服务体系不健全，政策法规不完善，社会心理疏导工作机制尚未建立，服务和管理能力严重滞后。现有的心理健康服务状况远远不能满足人民群众的需求及经济建设的需要。加强心理健康服务、健全社会心理服务体系迫在眉睫。加强心理健康服务，开展社会心理疏导，是维护和增进人民群众身心健康和提高劳动者素质的重要内容。心理健康服务是运用心理学及医学的理论与干预方法，预防或减少各类心理行为问题，促进心理健康，提高生活质量，主要干预方式包括心理健康宣传教育、心理咨询、心理疾病治疗、心理危机干预等。

2018年4月，借助PEM心理健康管理系统，以全国26个省（约113万城镇居民）进行大数据分析为基础形成的《中国城镇居民心理健康白皮书》[②]公布的调查结果显示，中国目前有73.6%的人处于心理亚健康状态，存在不同程度心理问题的人有16.1%，而心理健康的人仅为10.3%。同时，根据中国心理卫生协会2015年的统计数据，中国工作场所内的抑郁症患病率达到2.2%~4.8%，有70%的被调查对象都有因抑郁症而中断工作的经历。以农民工群体为例，其心理健康问题主要体现在焦虑、抑郁等方

---

①　《关于加强心理健康服务的指导意见》（国卫疾控发〔2016〕77号）。

②　该项目由中华医学会健康管理学分会牵头，联合国家卫计委科学技术研究所、中国医师协会整合医学分会、北京健康管理协会，以及国内30余位专家和学者共同完成。通过PEM心理健康管理系统，共采集566家医疗机构的心理健康相关数据。报告详见：http://jiankang.cctv.com/2018/04/30/ARTIWf496N6d9O0lrldJM4rG180430.shtml。

面，心理健康总体水平低于一般人群。[①]而世界卫生组织2017年的调查数据显示，在抑郁症和焦虑症这两项世界卫生组织最关注的工作场所精神问题中，中国的抑郁症发病率为4.2%，约5 482万人，绝对人数仅略低于印度，居全球第二，而焦虑症患病率为3.1%，约4 095万人，绝对人数居全球第一。[②]

心理亚健康是指在外部环境影响下由遗传和先天条件所决定的心理特征（性格、喜好、情感、智力、承受力等）造成的健康问题，是介于心理健康和心理疾病之间的中间状态。作为一种临界状态，它会造成劳动者精神活力、适应能力和反应能力的下降，在容易引起身心疾病的同时也会影响到劳动者的工作效率与质量。关于心理健康状况影响劳动参与的研究表明，心理健康可以显著影响劳动者的劳动参与状况，并降低15%至21%的劳动生产率。[③]

结合《关于加强心理健康服务的指导意见》对"以最大限度满足人民群众心理健康服务需求"的要求以及由心理问题引致的社会事件来看，现阶段中国心理健康促进与教育力度仍然不足，职业人群、老年人、残疾人等重点人群心理健康服务效果有待提升，建立健全各部门各行业和基层心理健康服务体系迫在眉睫。在这一背景下，高质量发展要求强化政府领导，明确各部门职责，完善心理健康服务网络，加强心理健康人才队伍建设，加强重点人群心理健康服务，培育心理健康意识，最大限度满足人民群众心理健康服务需求，形成自尊自信、理性平和、积极向上的社会心态。[④]

---

① 程菲，李树苗，悦中山. 文化适应对新老农民工心理健康的影响 [J]. 城市问题，2015（6）：95-103.

② WHO. Depression and Other Common Mental Disorders: Global Health Estimates [R]. 2017.

③ 朱礼华. 心理健康、劳动参与和生产率 [D]. 天津：南开大学，2013.

④ 《关于加强心理健康服务的指导意见》（国卫疾控发〔2016〕77号）。

2.3.3 劳动者培训内容不适应高质量投入产出的要求

我国劳动力整体素质与加快转变经济发展方式的要求还不适应，受教育水平总体较低，职业技能水平不高，高素质技术工人匮乏，人力资本投入不足等问题较为突出。[①]2012年中华全国总工会开展的职工队伍状况调查显示，职工平均受教育年限为12.95年，其中52.7%的职工受教育程度为中专及以下，拥有初级职称及没有职称的职工高达76%，仅34.6%的职工在结束上一份工作后接受过技能培训。这一情况近年来有所好转，2018年中华全国总工会开展的第八次职工队伍状况调查显示，城镇职工高中及以上学历的占比约为92%。

（1）职业教育与培训院校发展缓慢

《2018年全国教育事业发展统计公报》显示，2018年全国有中等职业教育学校1.02万所，比2017年减少442所，其中普通中等专业学校3 322所，比上年减少24所；成人中等专业学校1 097所，比上年减少121所。中等职业教育学校共有教职工106.63万人，比上年减少1.34万人；职业高中共有教职工33.95万人，比上年减少4 311人；技工学校共有教职工26.67万人，比上年减少1 854人。

虽然培训学校、机构减少可能有高等教育发展、劳动者就业观念变化以及培训需求变化等方面的因素，数量的减少也不一定代表培训质量的下降，但考虑到近年来供给侧结构性改革对制造业产业转型发展的要求和数字技术等新兴经济应用对劳动者技能的新需求，以及《现代职业教育体系建设规划（2014—2020年）》关于"到2020年，中等职业教育在校生2 350万人，专科层次职业教育在校生1 480万人，从业人员继续教育3.5亿人次"的培训工作发展目标，仍需要进一步发展劳动者培训的硬件设施

---

① 中华全国总工会. 大力提高职工素质助推经济发展方式加快转变［R］. 2013.

与培训教师队伍，从数量和质量两方面夯实劳动者培训的基础。

（2）职业教育与培训招生数量缩减

根据教育部公布的《2018年全国教育事业发展统计公报》，2018年中等职业教育招生557.05万人，比上年减少25.38万人；中等职业教育在校生为1 555.26万人，比上年减少37.23万人；中等职业教育毕业生为487.28万人，比上年减少9.60万人。结合《2030教育可持续发展目标》提出的在2030年"确保所有男女平等获得负担得起的优质职业与技术教育以及高等教育，包括大学教育"和"大幅增加掌握就业、体面工作和创业所需技能（包括职业技术技能）的青年和成人人数"目标，以及《现代职业教育体系建设规划（2014—2020年）》关于"到2020年，中等职业教育在校生2 350万人，专科层次职业教育在校生1 480万人，从业人员继续教育3.5亿人次"的培训工作发展目标来看，中国在职业技术培训机构数量、中等职业教育覆盖人群以及教职工数量方面都有很大的提升空间。

此外，在农民工群体方面，国家统计局的数据显示，2016年接受过农业和非农职业技能培训的农民工占32.9%，比2015年下降0.2%。结合其偏低的受教育水平可知，针对农民工的技能培训仍需进一步强化，需要适应其自身能力特征与行业特征的、有针对性的培训内容。

（3）培训内容与地区规划匹配较差

2017年人力资源和社会保障部职业能力建设司在对《国务院关于进一步做好新形势下就业创业工作的意见》的解读中，将职业培训与经济转型升级不适应、不同步的问题视为"十二五"向"十三五"发展期间劳动力市场中的重要问题。结合近年来供给侧结构性改革关于化解产能过剩重点地区的现实情况可以发现，部分地区已经落实的职业培训内容安排与其"十三五"发展规划并不一致，职业培训对实现地区发展规划的促进作用并不明显。

以河北省某市为例，作为全国化解钢铁产能的重点地区，截至2017

年河北省因产能结构调整涉及职工约54.7万人，约占全省第二产业从业人数的3.8%，仅该市一个地区因化解产能过剩和防治大气污染约有10万人的岗位出现变动。从2019年的走访情况看，该市（含县、县级市、区）钢铁大县绝大多数受影响职工在经过培训或从事其他相关工作后，仍返回原钢铁企业从事其他岗位工作，少数职工出于自身职业发展考虑选择职业转型。

这虽然与2016年6月人力资源和社会保障部开展的"化解过剩产能企业职工特别职业培训计划"中提出的"一是对失业人员重点开展就业技能培训，二是对企业转岗职工重点开展岗位技能提升培训，三是对有创业意愿的失业人员和转岗职工重点开展创业培训"等要求相一致，但结合河北省"十三五"规划的内容，该市属于"沿海率先发展区"，未来的重点在于改造提升传统产业、培育壮大战略新兴产业并突出发展现代服务业。数量庞大的劳动者队伍仍然回归钢铁产业固然有该市历史、地区、产业因素的考虑，但并不符合河北省"十三五"规划的要求。

2.3.4 劳动者受教育水平不符合教育资源高质量配置的要求

受教育水平往往代表着劳动者适应经济增长转型的能力与发展潜力。社会各方面对教育的新要求、新期望越来越高，如经济结构的战略性调整从整体上要求进一步整合教育资源，加大调整学科专业结构的力度。面对高新技术日新月异的发展，高层次创新人才培养能力亟须加强；同时，中国加入WTO后对外开放进一步扩大，我们基础相对薄弱的教育事业面临更加激烈的国际竞争。信息技术的广泛应用，对传统教育方式提出了全新的挑战。[1]此外，大学生的专业方向与工作需求的不匹配，也是由（高等）教育内容、模式与现有社会、经济发展需求的不匹配造成的，对其工

---

① 《教育部关于印发陈至立部长在2002年度教育工作会议上的讲话和〈教育部2002年工作要点〉的通知》（教政法〔2002〕1号）。

作后进行职业培训是弥补这一错位问题的重要内容之一，但更重要的是在源头上对（高等）教育内容、模式进行优化。

（1）中等教育性别差异明显，入学率整体较低

入学率以净入学率表示，其计算办法是用参加各级教育的特定年龄组的学生人数除以该年龄组人口总数，代表着教育资源覆盖适龄群体的能力。

在现有政策理念中，男女平等是社会主义核心价值观的主要内容之一，一个以自由、平等、公正、法治为特征的现代文明社会，必然要求具备先进的性别意识。我国虽然建立了男女平等的社会制度，但性别歧视作为一种落后的文化观念和习惯势力，要彻底消除绝非一朝一夕之功。进一步在全社会形成男女平等的价值观，仍需要我们付出持续不断的努力。[①]此外，决定高质量教育机会的关键因素不是某一类型考试的难易程度，而是最终的录取率。[②]

无论是入学率的性别差异还是整体水平，中国的现实情况都不理想。截至2015年，中国的男性、女性15～19岁入学率相差10%左右，这一年龄段男性入学率仅为60%，而同时期欧盟国家中等教育入学率差异基本控制在5%以内，同龄男性入学率均在72%以上。中国和欧盟国家同龄女性入学率也存在较大差异，中国数据低于欧盟平均水平10%左右（如图2-2所示）。这表明在完成义务教育之后，中国的适龄青少年继续接受中等教育的情况并不理想，整体入学率与参与比较的欧盟国家相比处于最低水平。

---

① 《人民日报》评论员. 共担促进男女平等的责任与使命 [N/OL]. [2020-11-05]. http://www.gov.cn/zhengce/2015-03/08/content_2829981.htm.

② 张继平，董泽芳. 高质量高等教育公平：理念诠释、现状分析与政策进路 [J]. 大学教育科学，2017（1）：42-48.

图中纵轴刻度：100 90 80 70 60 50 40 30 20 10 0

横轴国家（从左到右）：中国、卢森堡、奥地利、英国、意大利、斯洛伐克、法国、匈牙利、西班牙、瑞典、芬兰、丹麦、爱沙尼亚、葡萄牙、德国、比利时、捷克、拉脱维亚、波兰、荷兰、斯洛文尼亚、立陶宛、爱尔兰

● 15~19 岁男性　◇ 15~19 岁女性　✕ 20~29 岁男性　□ 20~29 岁女性

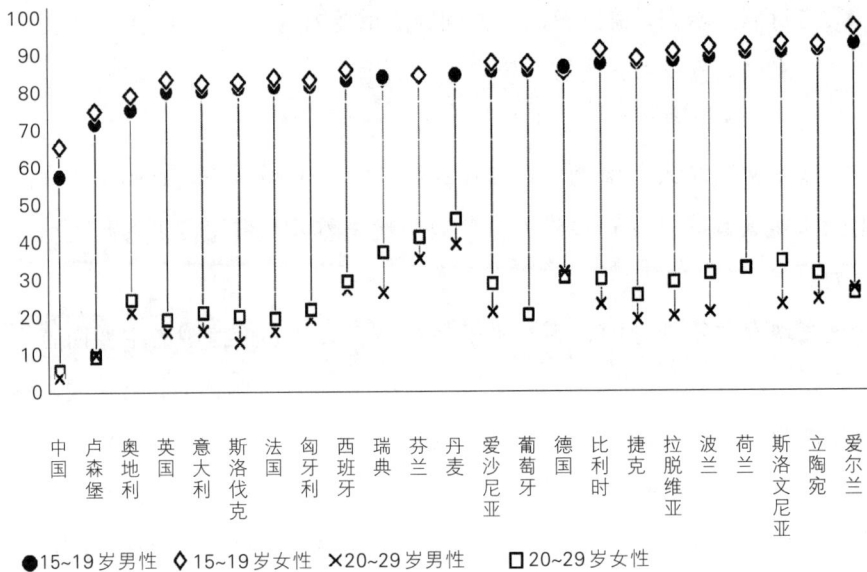

图 2-2　2015 年中国、欧盟部分国家不同群体入学率比较

数据来源：OECD Education GPS.

教育公平不是教育领域的平均主义，而是教育过程的公平。社会弱势群体的受教育权能够得到教育制度的保障是过程公平的最直观体现。2015年，联合国教科文组织通过《教育 2030 年行动框架》明确了教育的总体目标是：确保全纳、公平的优质教育，使人可以获得终身学习的机会。同时，该框架还提出消除教育过程中的性别歧视，保障弱势群体平等地、无差别地接受教育与培训。可见，在世界范围内实现教育公平，也必须向弱势群体倾斜。[①]

（2）高等教育覆盖范围偏小，入学渠道较狭窄

2017 年美国、德国、英国、韩国及日本 25 岁以上人口平均受教育年限均高于 12 年，而同时期的中国同龄群体平均受教育年限为 8.72 年，差

　① 顾明远. 教育公平绝不是平均主义［N/OL］.［2020-11-05］. http://www.moe.gov.cn/jyb_xwfb/s5148/201606/t20160620_268922.html.

异明显。[①]目前中央部属"优质""特质"高等教育机构的本科生、研究生虽有扩招，但进展缓慢，导致招生录取水平不高。从现有研究看，第一，中央部委直属高校招生录取率偏低，2015年全国普通高等学校本专科招生录取率已达到78.32%，但中央部委直属高校招生录取率仅为5.15%；第二，中央部委直属高校招生录取率同步增长缓慢，2005—2016年我国高等教育毛入学率按平均每年1.79%的幅度递增，从2005年的21%上升到2016年的42.5%，但中央部委直属高校的招生录取率并未实现同步增长，仅按平均每年0.7%的幅度增长；第三，每10万名考生中上重点高校的人数过少，2015年每10万名考生中上大学的人数为74 310人，但每10万名考生中上中央部委直属高校的人数仅为5 146人。[②]

和欧盟国家相比，中国15～19岁和20～29岁两个年龄段的入学率仍然处于较低水平，男性在两个年龄段的入学率分别为60.3%、8.1%，女性在两个年龄段的入学率分别为68.7%、9.0%。虽然这与教育部公布的高中入学率存在出入，但是考虑到统计口径的差异，可以利用这一数据与欧盟国家进行横向比较。同时期欧盟国家的最低水平分别是77.6%和12.7%，最高水平分别为99.4%、29.2%。中国的高等教育覆盖范围与欧盟国家相比仍然偏小。

结合《2030教育可持续发展目标》关于"在2030年确保所有男女童完成免费、公平、优质的中小学教育；确保所有男女平等获得负担得起的优质职业与技术教育以及高等教育，包括大学教育"的要求，以及现阶段高等院校基本通过高考入学的模式来看，现有的高等教育发展仍不能满足高质量发展对劳动者教育的需求，特别是在高等教育覆盖范围与入学渠道方面还需要进一步扩大与完善，在促进适龄群体入学方面还有更大的提升

---

① 孙学工，等. 推动经济高质量发展研究 [J]. 宏观经济研究，2019 (2)：5-17，91.
② 张继平，董泽芳. 高质量高等教育公平：理念诠释、现状分析与政策进路 [J]. 大学教育科学，2017 (1)：42-48.

空间。

（3）农民工受教育程度偏低，提升速度较缓慢

国家统计局2017年公布的《2016年农民工监测调查报告》显示，截至2016年底，农民工中未接受过任何教育的占1%，小学文化程度的占13.2%，初中文化程度的占59.4%，高中文化程度的占17%，大专及以上文化程度的占9.4%（见表2-4）。[①]2016年绝大部分农民工只接受过初中及以下教育，高中及以上文化程度农民工所占比重较之2015年仅提高了1.2%。其中，外出务工农民工中有高中及以上文化程度的占29.1%，比2015年提高1.2%；本地就业农民工中有高中及以上文化程度的占23.9%，比2015年提高1.3%。

表2-4　　　　　　　　　2016年农民工受教育程度构成

文化程度	农民工整体情况		外出务工农民工		本地就业农民工	
	2015	2016	2015	2016	2015	2016
未接受教育	1.1%	1.0%	0.8%	0.7%	1.4%	1.3%
小学	14.0%	13.2%	10.9%	10.0%	17.1%	16.2%
初中	59.7%	59.4%	60.5%	60.2%	58.9%	58.6%
高中	16.9%	17.0%	17.2%	17.2%	16.6%	16.8%
大专及以上	8.3%	9.4%	10.7%	11.9%	6.0%	7.1%

数据来源：国家统计局. 2016年农民工监测调查报告［R］. 2017.

考虑到2016年农民工总量达到了28 171万人，占总就业规模的36.3%，且多数集中于制造业（52.9%），庞大的群体和偏低的受教育水平

---

① 该报告详细介绍了农民工在受教育水平方面的基本特征，认为农民工受教育水平近年来有所提升，但统计数字反映的现实情况仍不理想，具体内容参见：http://www.stats.gov.cn/tjsj/zxfb/201704/t20170428_1489334.html。

不仅影响到劳动者队伍整体的发展，也影响到制造业转型升级的人员基础，违背了《中国制造2025》关于"创新驱动、质量为先、绿色发展、结构优化、人才为本"的基本方针，不利于供给侧结构性改革的进一步开展。因此，在新生代农民工已逐渐成为农民工的主体，占全国农民工总量49.7%的情况下，需要通过开展针对性成人教育的方式提升农民工群体的受教育水平，为其素质提升奠定知识基础。

2.4 劳动者素质提升的影响因素

影响劳动者素质提升的因素较为复杂，既有历史因素，也有现实原因；既有发展观念方面的影响，也有客观发展条件的限制。从历史角度考虑，之前一个时期对国民经济长期、快速、高位增长的追求掩盖了经济发展质量对劳动者素质提升需求的表达，这在劳动力市场中直观体现为劳动立法过程对就业数量、规模的追求和对就业质量、劳动者素质的忽视；从现实角度考虑，目前经济发展下行压力仍然存在，国民经济调控对中、短期"易执行、见效快"的财政、货币政策更加重视，而劳动者素质提升所要求的系统性、复杂性、长期性政策支持难以满足短期内提振经济的需要，因此很容易受到忽视。

同时，在现有职业教育、培训体系下也难以培养劳动者的专业精神，部分职业院校将学生的实习、实践作为与合作企业牟利的工具。2018年山东聊城、河南郑州某些职业院校甚至强制将学生输送到利益相关企业作为"学生工"，从事远超出法定工作时间的高强度、低技术含量劳动，并以不"实习"不允许毕业为要挟。如此的教育、培训模式不仅难以体现职业教育从业者的职业素养，对学生专业精神的培养更是无从谈起。此外，资本出于逐利本质对房地产、金融产业的过度投资挤占了实体经济的生存空间，直接导致劳动者的工作岗位受到影响，也失去了提升素质水平的实践基础，使"干中学"无从实现。而部分地区由于劳动者教育、技能培训资金、配套措施不到位也影响了劳动者的素质提升。

2.4.1 法律与政策基础

劳动者就业权的社会权属性决定了其实现过程需要公法规范的干预，政府作为提供公法规范的责任主体，促进并完善就业立法是其承担促进就业责任的直观体现。[①]从目前已有的立法内容看，对于就业困难群体，缺少完备的专项法律基础作为向其提供就业促进与素质提升帮助的依据与动力，多是其他就业方面立法的侧面保障，且内容并不完整。

具体而言，《中华人民共和国就业促进法》（简称《就业促进法》）中关于农民工的就业权利保障的69条内容中仅第三十一条明确了"农村劳动者进城就业享有与城镇劳动者平等的劳动权利，不得对农村劳动者进城就业设置歧视性限制"，且并未给出详细的责任主体与保障措施，更未涉及农民工的素质、技能提升方面的内容。此外，在供给侧结构性改革背景下，与化解产能过剩影响到的职工相比，目前缺少对农民工适应产业转型升级的就业支持与帮助，这也无法体现第三十一条关于"农村劳动者进城就业享有与城镇劳动者平等的劳动权利"的政策实践。《中华人民共和国职业教育法》（简称《职业教育法》）对于就业困难群体的保障仅有第七条关于"国家采取措施，发展农村职业教育，扶持少数民族地区、边远贫困地区职业教育的发展。国家采取措施，帮助妇女接受职业教育，组织失业人员接受各种形式的职业教育，扶持残疾人职业教育的发展"的原则性规定，在落实途径、资金来源保障措施等方面没有具体内容予以支撑。此外，目前也缺少支持农村教育体制、教育模式变革、发展的法律基础，与

---

① 许建宇，王婧婧. 和谐劳动关系的构建与政府责任的法治化——以政府促进就业责任为视角［J］. 法治研究，2007（2）：31-36.

农业生产紧密联系的农村职业教育并未在现有的《职业教育法》中体现出来。《中华人民共和国劳动法》（简称《劳动法》）通过第三条明确劳动者平等地享有各项劳动权利，但并未具体到就业困难群体的具体保障方面。《中华人民共和国劳动合同法》（简称《劳动合同法》）仅围绕合同订立双方的权利义务开展保障，且在实践中多基于基本权利义务进行规制，难以满足劳动者素质提升的需要。

同时，配套政策的缺失也限制了地方政府层面实现劳动者素质的提升。近年来供给侧结构性改革推动了重点产业的发展，特别是制造业的转型升级对新技术、新设备的需求越来越急迫，国家对实体经济发展的重视也越来越明显，但从现有政策内容上看，对从业于制造业、实体产业的劳动者的技能、综合素质还不够重视，缺少相应的扶植政策。例如，在供给侧结构性改革任务沉重的省份（地区），现有的劳动者培训工作多是围绕人力资源和社会保障部等七部门2016年《关于在化解钢铁煤炭行业过剩产能实现脱困发展过程中做好职工安置工作的意见》进行的，缺少针对性的配套措施。同时，在面临数字化、自动化、计算机化等技术影响时，现有劳动者培训体系缺少社会、市场主体提供多样化、灵活性的培训内容作为补充。由政府主导的培训工作出于对稳定的政策性要求，和市场需求之间存在一定距离，难以适应技术进步与劳动者技能提升的要求。

此外，虽然对数字技术、人工智能对劳动者技能提升要求的重视已经体现在目前高等教育的具体内容中，但高等教育作为长期性、系统性的政策措施，其作用的发挥需要一定的时间，还需要在短期培训、职业教育等方面为劳动者技能水平的提升创造更多条件。

2.4.2 资金保障

政府培训补贴有利于提高高技术技能型人力资本存量，有利于提升企业使用先进技术和机器设备的能力，有利于增强企业引进新技术和新设备的意愿，从而有助于企业技术创新。①但目前资金方面的问题主要体现在财权与事权相匹配背景下，地方财政面临压力，难以为规模化、系统性的劳动者素质提升工作提供充足的资金支持，而社会力量参与不足又无法形成有效补充。根据2019年5月19日国务院公布的《职业技能提升行动方案（2019—2021年）》的要求，"地方各级政府要加大资金支持和筹集整合力度，将一定比例的就业补助资金、地方人才经费和行业产业发展经费中用于职业技能培训的资金，以及从失业保险基金结余中拿出的1 000亿元，统筹用于职业技能提升行动"，这表明中国进一步将政府对职业培训的资金支持纳入培训政策的顶层设计中。②

2018年中国地方政府财政赤字约为8 300亿元，占地方本级财政收入的8.48%，资金多集中于供给侧结构性改革和其他重点经济发展内容的推动方面。从表2-5可以发现，在考虑到人均教育投入时，部分人口及教育大省在教育、培训方面的投入情况并不理想，且地区间差异巨大。

表2-5   2018年部分省（自治区、直辖市）人均教育经费比较

省（自治区、直辖市）	一般教育经费（亿元）	常住人口（万人）	人均（元）
北京	1 020.72	2 154.20	4 738.28
天津	448.04	1 559.60	2 872.79
上海	889.96	2 423.78	3 671.79
吉林	508.60	2 704.06	1 880.88
新疆	815.64	2 486.76	3 279.93
陕西	855.68	3 864.40	2 214.26
福建	923.84	3 941.00	2 344.18
内蒙古	566.65	2 534.00	2 236.19

① 孙早，侯玉琳. 政府培训补贴、企业培训外部性与技术创新——基于不完全劳动力市场中人力资本投资的视角 [J]. 经济与管理研究，2019（4）：47-64.
② 该方案明确了职业培训的总体要求和主要目标，并强调要在重点群体的职业技能培训、培训主体积极性以及补贴政策等方面以地方政府为主，强化各职能部门的作用，具体内容参见：http://www.gov.cn/zhengce/content/2019-05/24/content_5394415.htm.

省（自治区、 直辖市）	一般教育经费（亿元）	常住人口（万人）	人均（元）
江苏	2 040.47	8 050.70	2 534.52
四川	1 470.00	9 121.80	1 611.52
湖北	1 050.96	5 917.00	1 776.17
山西	668.96	3 718.34	1 799.08
辽宁	653.70	4 359.30	1 499.55
山东	2 001.21	10 047.24	1 991.80
浙江	1 567.41	5 737.00	2 732.11
广东	2 805.31	11 346.00	2 472.51
湖南	1 177.77	6 898.80	1 707.21
河南	1 621.02	9 605.00	1 690.81
河北	1 354.50	7 556.30	1 792.54

数据来源：《中国教育统计年鉴（2018）》、各省（自治区、直辖市）2018年度财政预算，以及《2018年国民经济与社会发展统计公报》。

2.4.3 专业精神

近年来，无论是国内还是国外都出现了工匠精神的回归浪潮。[1]具有中国特色的"工匠精神"兼备良好的人文精神和高超的工艺精神，正是经济结构转型背景下技能型人才需要具备的。[2]而要培育具备良好人文精神和高超工艺精神的劳动者队伍，就需要职业教育、培训的从业人员具有相应的专业精神，包括专业态度、专业能力、专业行为和专业结果四个方面。

首先，在专业态度方面。现阶段对职业院校教师队伍专业化的培养多集中于教学技巧和学科知识方面，教师被简化为单一的知识传递者，忽视

---

① 张培培. 互联网时代工匠精神回归的内在逻辑 [J]. 浙江社会科学，2013 (1)：75-113.
② 李梦卿，任寰. 技能型人才"工匠精神"培养：诉求、价值与路径 [J]. 教育发展研究，2016 (11)：66-71.

了教师在人格和道德引领方面的独特性。[①]在这一模式下，职业院校教师往往成为教育目标与方案的被动执行者，在教学过程中放弃了教师对教育理解的多元性以及教师在发展中的主观能动性。[②]而要培养劳动者精益求精、追求品质、注重细节的工作态度，就需要职业教育、培训的从业人员首先具备作为教师群体所应具备的严谨、耐心、专注、专业和敬业的个人态度，并将这种态度连同专业知识一并传递给学生。2019年国务院公布的《中国教育现代化2035》中对"以德为先，全面发展"的阐述，体现了德育工作在教育工作中的重要地位。

其次，在专业能力方面。职业院校教师的专业能力不仅包括承担相应课程所应具备的专业知识、技艺及教学经验等，还涉及将专业态度传授给学生的"育人"能力。一方面，教师专业能力的提升过程，就是经历学会教学、会教和教会学生学习的过程，教会学生学习是学会教学和会教的升华，教师先"学会教学"，然后"会教"，最后是"教会学生学习"。[③]与职业教育院校教师的教学过程相结合，专业能力最重要的则表现为教会学生实践的最后一步，不仅包括实践过程所需的技能，还需要教会学生通过实践实现"干中学"的能力。2018年《中共中央　国务院关于全面深化新时代教师队伍建设改革的意见》明确要求"通过健全职业院校教师标准体系和管理制度、实施教师素质提高计划、校企共建'双师型'教师培养培训基地、选聘行业企业兼职教师等举措，推动职业院校'双师型'教师规模不断扩大，'双师'素质持续提升，'双师'结构逐步优化，为职业教育快速发展提供有力的支撑和保障"。另一方面，教师的专业能力是与专业态度相结合表现出的向学生传递精益求精、追求品质、注重细节等专业态度的能力。

---

①　张华军，朱旭东. 论教师专业精神的内涵［J］. 教师教育研究，2012（3）：1-10.

②　姜勇. 论教师的精神成长——批判教育学视野中的教师专业发展［J］. 中国教育学刊，2011（2）：55-57.

③　朱旭东. 论教师专业发展的理论模型建构［J］. 教育研究，2014（6）：81-90.

再次，在专业行为方面。专业行为体现在教师的教学实践细节中，是在社会利益共同体①指导下向未来的劳动者传递专业态度、授予专业知识、传授实践经验的行为过程。在这一行为过程中，行为的专业性除了通过教学实践体现出来，还包括代表未来的劳动者将学习、实践需求输送到职业教育的课程设计与实践安排中，以此实现劳动者在其素质提升过程中的源头参与，从而在利益共同体中保障未来劳动者的利益。从目前的职业院校学生实践过程来看，部分职业院校及其教师的专业行为并未在相应的实践安排中得到体现，反而在利益共同体中忽视了学生的利益保障。

最后，在专业结果方面。学生的教育、培训结果除了要满足学生未来职业发展需求外，还要有与高素质劳动力培养要求相匹配的培养结果评价体系。不仅要达到2019年人力资源和社会保障部更新的《国家职业资格目录》所要求的职业资格认定标准，还要对学生的职业伦理进行考察。一是在学生专业能力培养结果方面，不仅要有标准化的职业资格认定准确衡量学生专业能力水平，以保证未来的劳动者具备高素质劳动力所需的技能水平；还要有灵活多样的方式考察学生在实践中的创新思维和问题解决能力，以保证未来的劳动者具备高素质劳动力所需的创新、实践能力。二是在学生的德育考察方面，保证技术应用类"双师型"教师在对学生德育考察过程中的话语权，有利于学生良好职业素养的形成，从而满足高素质劳动力对良好心理健康水平的需求。

---

① 在1913年美国工业教育促进学会的第七次年会上，杜威做了题为《密歇根的职业教育应该在"统一的"还是"双元"控制之下？》的演讲，呼吁在教师、学校、商人和工人之间开展更多合作，并认为需要商人和工人根据共同体的利益而不是代表他们自己特殊阶级的利益来提出建议和帮助（丁永为，2016）。

第3章
欧盟：人力资本投资与积极就业政策

在国家乃至全球范围内，数字科技和商业相结合的数字化转型给人们今天的商务模式和交流方式带来了巨大的改变。同时，高技术领域的公共支出不断增加，促进了高科技应用需求的增长，也拉高了数字技术给经济发展带来的收益。数字化转型作为商业和技术文献中的一个新术语，通常被定义为将数字技术集成并应用到业务中，从而改变业务操作模式和对客户价值交付模式的技术手段。数字化转型不仅会影响到工作场所的正常运营，也会影响到工作文化、人际关系以及宏观经济和微观经济的转型与发展速度。世界正面临着经济增长放缓的挑战和不断出现的政治冲击，这会给各国政府处理日常事务和发展问题带来困难，迫使各国寻找刺激经济增长和创造新就业机会的政策，从而通过发展经济、提振就业来稳定社会与政治。欧盟在战略文件《欧洲2020战略》（Europe 2020 Strategy）中明确了目前进行数字化转型的重要性，认为数字化转型是在知识和创新基础上实现经济增长的重要促进因素。欧盟国家大多通过私人和公共信息通信技术部门的发展落实对数字化转型的投资，该行动一方面激活了数字技术应用领域的市场竞争，另一方面也对GDP、生产率和就业等关键指标产生了积极的影响。

面对数字化转型带来的日益激烈的市场竞争和对劳动者素质要求的进一步提高，欧盟采取了一系列措施，包括大力发展信息科技，进行数字化革命（Digital Revolution）。在数字化革命中，欧盟致力于制定相关

---

① MIĆIĆ L. Digital Transformation and Its Influence on GDP [J]. Economics，2017（2）：35-148.

的数字政策，保障消费者的利益，制定科技规范以及促进研究和创新等。同时，为了保证数字化革命中产品和服务的创新，大力提升人才素质成为欧盟需要关注的重点问题。①以下主要针对欧盟提升人才素质的战略和相关措施进行分析。

欧盟为提高劳动者素质所采取的一系列措施可以归纳为五方面的内容：一是旨在推进学习机会普及性和持续性的终身学习战略；二是基于《欧盟青年战略》开展的对青年人的教育与培养；三是涉及雇员、雇主、公共部门、培训机构以及工会等多角色在内的多层次劳动者职业培训体系；四是围绕知识、技术开展的创新政策研究（创新战略）；五是追求增强劳动力市场活力的积极就业政策（见表3-1）。

表3-1　　　　　欧盟提升劳动者素质的相关战略和相关措施

终身学习战略	青年人的教育和培养（《欧盟青年战略》）	职业培训	创新战略	积极就业政策
➢《终身学习备忘录》 ➢《实现终身学习的欧洲》行动计划建议书 ➢《终身学习决议书》 ➢《欧洲职业教育和终身学习的场景及策略：Cedefop/ETF项目调查结果和结论摘要（1998—2002）》 ➢《欧盟教育与培训体系的公平与效率》 ➢终身学习研究中心（EU2020支持、成人技能和成人终身学习、学习流动性、语言、积极的公民身份、教学实践、教育投资、劳动力市场结果和就业能力）	➢《欧盟青年报告》 ➢《欧盟青年战略评估和理事会关于青年志愿者在欧盟各地流动的建议》 ➢《青年战略报告》	➢《基本权利的合并条约宪章》 ➢成立了欧洲发展职业培训中心 ➢成立了欧洲培训基金	➢欧盟知识流动政策 ➢欧盟研究政策	➢支持创造就业机会 ➢恢复劳动力市场活力 ➢改善欧盟治理方式

①　European Union. Digital Economy & Society［EB/OL］.［2020-11-05］. https://europa.eu/european-union/topics/digital-economy-society_en.

3.1　终身学习战略

终身学习（Lifelong Learning）的兴起得益于联合国教科文组织的推动，最早见于1965年联合国教科文组织召开的"第三届促进成人教育委员会"会议提案，并于1972年通过工作报告《学会生存：教育世界的今天和明天》将终身学习的理念向世界扩展。[①]欧盟提倡并支持终身学习战略，终身学习可以被认为是欧盟提升劳动者素质的核心战略。2000年里斯本战略出台，该战略强调要在2010年前让欧盟成为世界上最有竞争力的知识经济体。基于该目标，里斯本战略对欧洲未来经济、就业、社会融合以及教育领域相关政策、措施做了重要的阐述。其中，"终身学习战略"就是其教育领域的一项重要战略，旨在促进全民终身学习，让欧洲社会成为学习型社会。

里斯本战略作为纲领性文件，对欧盟规范和促进终身学习起到了指导性作用。基于里斯本战略，欧盟已经形成了比较完善的终身学习政策框架体系，该体系包括《终身学习备忘录》（A Memorandum on Lifelong Learning）、《实现终身学习的欧洲》（Making a European Area of Lifelong Learning a Reality）行动计划建议书、《终身学习决议书》（Implementing Lifelong Learning Strategies in Europe：Progress Report on the Follow-up to the Council Resolution of 2002）、《欧洲职业教育和终身学习的场景及策略：Cedefop/ETF项目调查结果和结论摘要（1998—2002）》（Scenarios and Strategies for Vocational Education and Lifelong Learning in Europe：Summary of Findings and Conclusions of the Joint Cedefop/ETF Project：1998–2002）以及《欧

---

① 朱敏，高志敏. 终身教育、终身学习与学习型社会的全球发展回溯与未来思考［J］. 开放教育研究，2014（1）：50–66.

盟教育与培训体系的公平与效率》（Efficiency and Equity in European Education and Training Systems）工作报告。此外，欧盟还建立了基于相关指标和基准的终身学习研究中心（Centre for Research on Lifelong Learning，CRELL）。

3.1.1 《终身学习备忘录》①

《终身学习备忘录》是欧盟委员会根据里斯本战略在2000年10月提出的。《终身学习备忘录》定义终身学习为"持续进行旨在改善知识结构、提升生活技能和就业能力的所有种类的学习活动"，并认为这样有助于促进就业和建立积极的公民身份。该备忘录表明各国政府需要促进和帮助本国公民学习基本技能、加大对人力资本的投入、改善国家教育认证体系、提供终身学习指导、发展创新教学方法、创新教学环境、利用信息技术，并提出要在社区内部提供终身学习机会。除了各国中央政府以外，社会合作伙伴、各地方实体、社会服务机构都应在终身学习的合作伙伴框架中发挥作用。不同层次、部门的相关教育和培训需要通过合作建立一个以人为本的学习网络系统。

《终身学习备忘录》认为，终身学习不再仅仅涉及教育和培训这两个方面，它必须成为整个学习行为的指导原则。《终身学习备忘录》还指出，未来十年所有生活在欧洲的人都应该平等地享有学习机会，借此适应社会和经济变革的要求，并积极参与塑造欧洲的未来。终身学习以其独特的个人参与方式关注每个人的未来。《终身学习备忘录》指出欧盟委员会未来会起草一份报告，报告将在欧洲理事会商定的公开协调方法框架内进行。

《终身学习备忘录》的核心内容表明，欧盟全面一致的终身学习战

---

① Commission of the European Communities. A Memorandum on Lifelong Learning [EB/OL]. [2020-11-05]. http://lllp.iugaza.edu.ps/Files_Uploads/634714347020570159.pdf.

略旨在：保证学习机会的普及性和持续性，帮助欧盟各成员国公民获得并持续更新知识社会所需的技能；显著提高人力资本投资水平，优先考虑欧洲最重要的资产，即欧盟民众；为终身学习的持续发展制定有效的教学方法，并营造有利的人文环境；显著改善学习参与过程和结果评价方式，特别关注非正规或非正式学习领域；确保每个人都能轻松获得有关学习机会的高质量信息和建议；在人们自己的社区中尽可能让有意向者就近获得终身学习机会，并在适当的时候通过基于信息通信技术的设施提供支持。

此外，《终身学习备忘录》还解释了将终身学习视为欧盟首要任务的原因。首先，欧洲已走向以知识经济为基础的社会，个人获取最新信息和知识，以及帮助自己和整个社区有效地使用这些资源的方式和技能，比以往任何时候都更加成为加强欧洲竞争力、提高就业能力和劳动力适应性的关键。其次，今天的欧洲人生活在一个复杂的社会和政治世界中，个人比以往任何时候都更愿意规划好自己的生活，期望为社会做出更多贡献，因而必须学会在生活中积极地适应文化、种族和语言的多样性。从最广泛的意义上讲，教育是理解和学习如何应对这些挑战的关键。

3.1.2 《实现终身学习的欧洲》行动计划建议书①

《实现终身学习的欧洲》是继《终身学习备忘录》之后，欧盟委员会于2001年发表的关于终身学习的另一份计划建议书。该计划建议书认为终身学习的目标是促进个人自我实现、培育积极的公民身份、提高整个社会的凝聚力和就业能力。基于此目标，欧盟委员会提出：需要加强成员国在终身学习领域的合作伙伴关系；确保成员国对于本国人力资本的投入能够满足发展的需求；营造终身学习的文化氛围；建立合理的教育体系；研

---

① Commission of the European Communities. Making a European Area of Lifelong Learning a Reality [EB/OL]. [2020-11-05]. https://files.eric.ed.gov/fulltext/ED476026.pdf.

究提供平等学习机会的指导性策略。

与此相关的还有《终身学习决议书》。欧盟于2002年发表了《终身学习决议书》，该文件指出欧盟各成员国政府需要对各个年龄段公民的终身学习机会予以重点关注，从而保障公民能够及时得到有关终身学习方面的信息指导和咨询服务。此外，该决议要求各成员国政府建立包含正规学制、非正规或非正式学习在内的各种学习活动相互认证的体系。该决议把终身学习提升到了国家优先发展的战略地位。

3.1.3 《欧洲职业教育和终身学习的场景及策略：Cedefop/ETF项目调查结果和结论摘要（1998—2002）》

为了更好地促进终身学习，欧盟2002年发布了《欧洲职业教育和终身学习的场景及策略：Cedefop/ETF项目调查结果和结论摘要（1998—2002）》，文中提到了Cedefop/ETF共同研究项目开发的场景方法学，并将其应用于职业培训和终身学习领域，预测未来会产生的矛盾或分歧。场景方法的优势在于其对不确定性风险的适应与规避能力，能够在经济波动、社会文化冲突以及技术变革的复杂背景下将教育内容与受教育者需求尽可能地准确衔接，将外部环境不确定性的负面影响通过发展导向与问题导向的结合降至可接受的范围内。

3.1.4 《欧盟教育与培训体系的公平与效率》[①]

2006年，欧盟发布了《欧盟教育与培训体系的公平与效率》工作报告，报告提出终身学习战略对教育培训的投资具有长远的意义和价值，并建议实施关于终身学习学历资格互相认证的策略。

---

① VOLLES N. Lifelong Learning in the EU：Changing Conceptualizations，Actors，and Policies [J]. Studies in Higher Education，2016（2）：343-363.

此外，欧盟还建立了终身学习研究中心[①]。该中心成立于2005年，旨在提供专业领域的教育和培训系统的评价指标和监测标准。CRELL结合了经济学、计量经济学、教育学、社会学和统计学等领域的专业知识，以跨学科的方式进行研究。CRELL的研究领域涉及：EU2020支持（项目）（EU2020 Support）、成人技能和成人终身学习（Adult Skills and Adult Lifelong Learning）、学习性流动（Learning Mobility）、语言（Languages）、积极的公民身份（Active Citizenship）、教学实践（Teaching and Learning Practices）、教育投资（Education Investment）以及劳动力市场结果和就业能力（Labor Market Outcomes and Employability）八个方面。

　　（1）EU2020支持（项目）[②]

　　CRELL的主要活动之一是开发一个连贯的指标和基准框架，以监测教育和培训领域的业绩和进展情况。EU2020支持（项目）的相关活动包括联合评估框架（Joint Assessment Framework，JAF）、教育和培训监控（Education and Training Monitor，ETM）、预测EU2020总体目标。

　　JAF的方法是由负责就业、社会事务和包容的总署（the Directorate-General for Employment，Social Affairs and Inclusion，简写为DG EMPL）于2010年首次引入的，目的是在就业指导方针下规范对基准和指标的监测。由于两项就业指导方针涉及教育和培训，欧盟委员会教育和文化总署（the Directorate-General for Education and Culture，简写为DG EAC）直接参与了该方法的开发，并已将其纳入欧洲教育和培训合作战略框架（European Cooperation in Education and Training，简写为ET 2020）的监测方法。JAF是一种监测成员国教育和培训制度的方法，确保欧盟层面的整体一致性和透明度。在DG EAC的教育和培训政策协调方面，JAF方

---

　　① 内容详见：https://crell.jrc.ec.europa.eu/。
　　② 自2005年起，CRELL在《欧洲2020战略》和《欧洲学期》（The European Semester）的教育、培训领域强调了欧盟政策协调的证据基础，并发挥了关键作用。内容详见：https://crell.jrc.ec.europa.eu/?q=content/eu2020-support。

法被用来评估整个欧洲的教育和培训系统。CRELL 已经帮助 DG EAC 对 JAF 进行了调整，开发了指向政策杠杆的定量分析部分，以提高评估方法的适用性。JAF 也用于编制年度教育和培训的国别报告，这些报告涉及成员国的每一个标准学制，以支持 DG EAC 的工作人员考虑调整有关教育、培训标准的具体建议。

在教育和培训监控方面，DG EAC 的年度报告列出了详细的基准和核心指标，包括欧洲 2020 年教育和培训的主要目标。它阐述了欧盟层面的教育和培训制度的发展情况与预期水平，着重于分析并给出在教育和培训领域所采用的按国别划分的具体建议，并为下一个标准学制的分析奠定基础。除了对 JAF 方法的应用做出贡献外，CRELL 也参与了起草过程中的咨询程序，主要任务是保证年度报告中所用数据的质量并做好相关解释工作。

在预测 EU2020 支持（项目）的总体目标时，CRELL 在 2013 年的技术报告中对欧盟 2020 年的教育和培训目标进行了细致的描述，并定期在相同的建模方法中探索进一步发展和扩展的可能性。这一分析也受益于 CRELL 与 DG EAC 在"教育投资专家组"框架内的磋商。

（2）成人技能和成人终身学习

欧盟认为，成人技能是确保个人成功融入社会的基础。技能的缺乏会使公民无法平等地参与其国家的社会和政治生活，同时影响公民的就业，降低公民的收入，甚至使其遭受社会全面排斥的风险。此外，从社会发展的角度来看，适当的技能人力资本投资对于消除不平等和促进社会流动性至关重要。除了正式的普通高等教育，CRELL 更深入地探讨了技能变化的驱动因素，区分群体和老龄化的影响，以及不同的教育链对欧洲地区劳动者夯实技能基础的贡献，特别是职业教育和培训，以及成人的终身学习。同时，CRELL 还致力于矫正技能和教育的不匹配问题，寻找技能和社会发展结果之间的联系。

（3）学习性流动[①]

欧盟于2015年发布了《学习性流动》报告，认为学习性流动对个人和国家都是有利的。在个人层面：个人技能培养中的学习性流动能够促进其在未来提升流动性、增加收入并降低失业风险；在专业技能方面，个人在国外接受结构化的高等教育可以提高其外语能力，这是个人适应当前经济全球化和劳动力市场优化趋势的关键；在社会技能方面，学习性流动有利于增强人的跨文化理解能力，这对减少社会不平等现象和促进包容性增长非常重要。此外，学习性流动在国家层面也有积极的结果：首先，各成员国学生间的交流增进了学术机构与组织在欧盟层面的合作，有助于建立更统一的欧洲公民身份。此外，招收国际学生是一种招募来自不同背景的高技能移民的方法，并有利于提高教育系统运行效率。

欧盟在促进学生学习性流动方面有着较为丰富的历史经验，从1988年的欧洲青年计划开始，便启动了鼓励年轻人在社区中交流的措施。10年后，《索邦宣言》（Sorbonne Declaration，1998）要求欧盟国家提高教学和学习的流动性。自此，促进学习性流动的政策不断增加。

（4）语言

在语言方面，2009年以来，CRELL作为开展欧洲语言能力调查（ESLC）的语言能力咨询委员会的一员，一直积极致力于外语能力的研究，为教育和文化政策的改进提供支持。具体来说，CRELL通过分析和修订技术文件的形式围绕ESLC数据库开展工作，并形成与外语技能相关的技术简报。关于外语水平的相关因素的研究，CRELL还为DG EAC发起的未来语言研究提供建议，并就与语言学习相关的欧盟标准的调整方向与具体措施提供建议。从CRELL网站可以下载SAS、SPSS、R和ASCII格式的ESLC数据库。此外，该网站还提供调查问卷（学生、教师和学校/校长）、

---

① European Union. Learning Mobility［EB/OL］.［2020-11-05］. https://crell.jrc.ec.europa.eu/sites/default/files/Learning%20Mobility%20Technical%20Report_Pubsy_PDF.pdf.

密码本、最终报告、技术报告和调查的执行摘要，以及最终报告的相应表格文件。CRELL针对外国语言和就业能力编制的技术报告旨在调查工作状态和外语技能之间的关系，该报告使用了欧盟2011年成人教育调查的数据。

（5）积极的公民身份

促进公平、社会团结和积极公民身份的认同是欧洲教育和培训合作战略框架（ET 2020）的长期目标之一。CRELL自成立以来，一直致力于为DG EAC和EU2020支持（项目）提供政策支持。CRELL在社会凝聚力和积极公民身份等方面进行的相关研究，促使其成为构建积极公民身份相关综合指标的项目领导者。CRELL还负责监督国际能源机构2016年国际公民和公民教育研究（ICCS）的大部分内容的进展情况，重点关注功能（工具的）相关性、质量和可比性。这项工作由欧洲委员会向参与调查的欧盟成员国提供支持。同时，CRELL还将其活动重点放在教育系统上，分析学校在使学生成为积极公民的过程中所扮演的角色。

（6）教学实践

参与教师教学国际调查（Teaching and Learning International Survey，TALIS）和国际阅读素养进展研究（Progress in International Reading Literacy Study，PIRLS）的学校校长和教师的报告中所提及的教学实践内容为欧盟各国的教学效果研究提供了帮助。这项研究也致力于提供关于教学实践和学生成就之间相关关系的证据支持。此外，还对国际成人能力评估调查（Programme for International Assessment of Adult Competencies，PIAAC）的数据进行分析，以了解教师的技能水平。因此，这一研究的重点是提出并描述为学生从小学到中学提供怎样的学习机会。

（7）教育投资

即使是在以预算限制和经济增长放缓为主导的经济环境中，欧盟各成员国政府对教育的承诺在政策议程上也都处于重要地位，这在很大程度上是因为教育和其他类似的"生产性"公共投资对长期经济发展具有积极影响。虽然成员国可以采取不同的方法解决与教育经费、机构设置、课程设置相关的障碍，但各国的异质性导致了一些技术方面的问题。为了克服异质性问题，欧盟认为需要开发共同的监测框架，这会有助于评价成员国对资助教育的承诺。此外，CRELL还研究公共教育支出与商业周期之间的相互作用关系。

（8）劳动力市场结果和就业能力

自成立以来，CRELL一直致力于研究教育、培训和劳动力市场结果之间的联系。该领域的研究活动侧重于就业能力、性别对劳动力市场的作用，以及学校到工作的过渡、教育的回报、持续教育的作用等方面的内容。此外，CRELL积极支持DG EAC的发展，以发挥教育和培训对提高就业能力的作用。

3.2　年轻人的教育和培养

除了终身学习这一核心战略以外，欧盟还鼓励并支持对年轻人的教育，注重早期的人才培养。欧盟在《基本权利的合并条约宪章》（Consolidated Treaties Charter of Fundamental Rights）[1]中规定了青年教育的相关条款，并且通过《欧盟青年战略》来落实青年教育的内容。《基本权利的合并条约宪章》第165条规定：欧盟要促进成员国之间的合作以促进青年人的教育与流动。

《欧盟青年战略》（EU Youth Strategy）[2]旨在增进青年人平等地获得在教育和就业方面的机会，鼓励他们在社会中发挥积极作用。在该战略中，

---

[1]　European Union. Consolidated Treaties Charter of Fundamental Rights [EB/OL]. [2020-11-05]. https://europa.eu/european-union/sites/europaeu/files/eu_citizenship/consolidated-treaties_en.pdf.

[2]　European Union. European Union Youth Strategy [EB/OL]. [2020-11-05]. https://ec.europa.eu/youth/policy/youth-strategy_en.

欧盟的官方机构扮演了重要角色,它在尊重并肯定成员国对青年政策总体责任的同时,制定了该战略自2010年至2018年的合作框架。该框架有两个主要目标:为年轻人提供更多教育、就业机会;同时,鼓励年轻人积极融入社会。这两个目标的实现途径有:组织特定的青年活动,鼓励年轻人参加非正规学习,参与志愿活动,促进青年的工作流动性;在对年轻人产生重大影响的领域,如教育、就业、健康和福利政策的制定、实施和评估方面提供跨部门的积极保障。《欧盟青年战略》在8个方面提出倡议:就业和创业、社会包容、社会参与、教育和培训、健康和幸福、志愿活动、青年和世界、创意和文化。

在这一背景下,2010—2018年,欧盟各国在青年领域的合作(也称为"Youth OMC")旨在为所有年轻人在接受教育与培训、进入劳动力市场方面创造更多平等机会,促进全体青年的积极性、社会包容和团结。为了实现以上目标,《欧盟青年战略》鼓励欧盟成员国采取双重方法:一方面,可以在其职权范围内落实核心青年问题或议题(社会参与、志愿活动、青年工作等);另一方面,将青年问题纳入其他6个行动领域(教育和培训、就业和创业、健康和幸福、创意和文化、社会包容、青年和世界)内的主流问题中。

《欧盟青年战略》的主要相关文件和政策包括:《欧盟青年报告》(EU Youth Report)、《欧盟青年战略评估和理事会关于青年志愿者在欧盟各地流动的建议》(Evaluation of the EU Youth Strategy and the Council Recommendation on the Mobility of Young Volunteers Across the EU)、《青年战略报告》(Youth Strategy Report)。

3.2.1 《欧盟青年报告》

基于《欧盟青年战略》,2012年欧盟发布了《欧盟青年报告》,总结了《欧盟青年战略》第一个工作周期(2010—2012年)的成果,提出了2012—2015年的优先事项,并提供了有关金融危机如何影响欧盟年轻人处境的统计数据。2015年9月15日欧盟又发布了《欧盟青年报告》，全面描述了欧洲年轻人的状况和问题，以及政策制定者在2013—2015年期间如何解决这些问题。

《欧盟青年报告》有以下三个目标：评估《欧盟青年战略》目标的总体进展，为最新工作周期确定优先事项提供依据；确定最佳实践模式，并作为确定下一个工作周期优先级的基础。该报告由各成员国代表与学者组成的评估委员会编写，由欧盟理事会通过，并在有关国家政府之间进行讨论。报告包含的内容有：展示《欧盟青年战略》最近3年内的主要成果，并提出下一个周期优先事项的委员会沟通记录；概述欧盟年轻人情况的工作文件；总结欧盟和各成员国在国家层面采取的行动，以及实施《欧盟青年战略》的工作文件；基于欧盟国家对一份涵盖了所有8个战略领域的调查内容所做出的回应。

3.2.2 《欧盟青年战略评估和理事会关于青年志愿者在欧盟各地流动的建议》

在《欧盟青年报告》之后，2015年3月，欧盟委员会教育和文化总署发布了《欧盟青年战略评估和理事会关于青年志愿者在欧盟各地流动的建议》。该项工作由 ICF International 与 Technopolis 两家机构合作进行，时间为2015年3月至2016年2月。

评估目标和范围包括：对《欧盟青年战略》以及欧盟青年志愿者行动进行总结与分析，并且提出欧盟层面的青年合作框架；评估期为2010—2018年，主要评估在青年领域制定的欧盟层面的国家措施和政策效果。在评估范围内，更具体的评价涉及对各成员国在不同历史时期的政策内容及利益关系的界定。同时，还包括其他方面的内容：一是欧盟政策的有效性，即确定成员国在国家层面、区域和地方各级对政策和措施的落实情况；二是《欧盟青年战略》和青年合作框架的成本效益和各成员国的负担水平；三是对《欧盟青年战略》进行价值评估，并利用标准化工具将各成员国取得的成果进行比较；四是考察欧盟、各成员国和地方各级政府合作结构的可持续性。

3.2.3 《青年战略报告》

欧盟在以上两个文件之后，又于2017年发布了《青年战略报告》。《青年战略报告》所探讨和研究的主要内容如下：

其一，鼓励年轻人融入社会，增进团结，探讨《欧盟青年战略》如何有助于促进社会参与、志愿服务和社会团结。主要问题涉及：未来的战略如何支持在成员国层面创造更多的跨境志愿服务机会，并促进与当地利益相关者更紧密的合作；未来的战略如何通过志愿服务提高年轻人获得学习和提升技能的机会；该战略如何确保志愿活动促进社会包容和稳定社会结构。

其二，开放《欧盟青年战略》的合作方式，旨在创新青年合作新参与者的行动方式和参与机制，以有效落实《欧盟青年战略》。主要内容包括：如何鼓励新的利益相关者、实践者、研究人员等的参与；如何能确保更包容的青年政策真实反映欧盟层面的民主性；研究人员或从业人员能否在地方层面的欧盟青年战略中扮演中介或中间人的角色。

其三，如何改进结构性对话。这一方面的主要内容涉及：如何实现结构性对话的延伸，既包括参与的年轻人的数量，也包括它所促进的讨论的质量；如何在结构性对话机制中获得更多的反馈；其他的欧盟参与性工具是否可以用于结构性对话方式；其他的方法是否可以确保自下而上地收集年轻人的意见。

其四，青年政策的话语权。主要内容涵盖：如何形成并应用有效的工具实现以跨部门的方式处理青少年问题；如何促进国家政策中的利益相关者更好地了解对应的政策工具。此外，《青年战略报告》还讨论了如何实现欧盟层面的跨部门合作及其改进措施。

3.3 劳动者的职业培训

除了终身学习和加强青年人的教育以外，欧盟还致力于加强对劳动者的职业培训，并促进职业培训相关基建的完善和发展。具体而言，欧盟在《基本权利的合并条约宪章》中规定了欧盟支持职业培训的相关内容，还成立了欧洲职业培训发展中心（European Centre for the Development of Vocational Training，简写为 Cedefop）和欧洲培训基金（European Training Foundation，ETF）。

3.3.1 《基本权利的合并条约宪章》

《基本权利的合并条约宪章》第166条规定了欧盟开展职业培训的相关内容，该项政策支持和补充了各成员国在这方面的实践和行动，同时充分尊重各成员国对职业培训内容的选择和组织责任。欧盟的目标在于促进劳动者适应产业的变化，特别是通过持续的职业培训促进职业融合并鼓励失业劳动者重返劳动力市场；同时，为人们获得职业培训提供便利，鼓励青年人提高流动性，并促进教育、培训机构和企业之间的培训合作。此外，在各成员国的培训体系中，提倡信息交流和经验共享，鼓励欧盟和各成员国促进与第三国和主管国际组织在职业培训领域的合作。

3.3.2 欧洲职业培训发展中心

欧盟早在1975年就成立了欧洲职业培训发展中心，以帮助制定和实施欧盟的职业培训政策。该中心提供基于欧盟职业教育和培训政策的数据，监测劳动力市场趋势，并帮助欧盟委员会、欧盟各成员国、雇主组织和工会为劳动力市场提供与需求相匹配的培训。

具体来说，Cedefop 汇集了政策制定者、雇主组织、工会、培训机构、教师和培训师，以及各个年龄段的学员。每个成员都拥有职业教育和培训的参与权。Cedefop在教育系统和工作实践之间搭建起了一座桥梁，让具备丰富经验的机构、个人分享经验，讨论如何最好地改善欧洲的职业教育和培训。Cedefop与欧盟国家的政治组织和行业组织分享其专业知识，以帮助它们创造更多的学习和工作机会。

Cedefop围绕劳动力市场中的职业教育和培训开展日常工作，并得到了政府部门的信息与人员支持。Cedefop的具体工作职责有：检视社会经济和人口发展趋势及其对就业的影响；界定工作的性质和对技能的需求；预测劳动力市场的未来技能需求，提醒政策制定者考察技能匹配是否错位；支持欧盟相关政策工具的使用，如资格框架，借此鼓励非正式学习；对以工作实践为基础的学习模式进行评价，并提供政策建议，帮助欧盟各国政府降低失业率以及解决其他劳动力市场失衡问题。

欧洲培训基金和欧洲职业安全与健康署（EU-OSHA）都是Cedefop的积极合作方。Cedefop的受益群体包括：初从教育机构进入劳动力市场的年轻人和辍学的学生；失业或未充分就业的成年人；在国家间和机构间流动的具备相关职业资质的其他公民。

3.3.3 欧洲培训基金

欧盟于1994年在意大利的都灵建立了欧洲培训基金。欧洲培训基金通过改革职业教育与培训（VET）和劳动力市场体系，帮助成员国充分发挥其国内劳动者的能力和技能。此外，ETF还支持29个伙伴国家（东南欧国家、土耳其、中亚国家等）的人才发展计划，帮助各国制定、执行和评价其培训政策与方案。其作用表现为：促进社会流动性和社会包容性；改革教育、培训制度；在劳动力市场需求的推动下，提高培训系统的能力；支持合作伙伴国家努力形成有效的、实践性强的政策；支持公民提高社会参与度和改善公民福利；实现职业教育和培训的现代化，并促使这一实现过程与国内、国际劳动力市场需求相匹配；支持向伙伴国提供欧盟援助，包括设计、实施、监测和评价方面的援助行动并支持政策对话等。

ETF的管理委员会包括：各个欧盟国家的代表、3名欧盟委员会的代表、3名独立的专家、来自伙伴国家的观察员，由3名欧盟委员会代表之一担任主席。ETF每年举行两次会议，讨论并通过工作方案及年度预算。董事会任命ETF的董事，董事任期5年，到期可延长3年。

ETF与伙伴国家的合作包含7个关键领域：欧盟的支持与援助、政策分析和系统进度监控、职业教育与培训的治理、职业教育与培训的质量资质和资格系统、就业能力提升、创业与业务技能学习。与ETF密切合作的机构团体和个人主要包括：欧盟相关机构、Cedefop、欧洲基金生活和工作条件改善系统（European Foundation for the Improvement of Living & Working Conditions，简写为Eurofound）、域外国际组织、活跃在ETF的伙伴国家、双边和多边捐助者等。在ETF支持下，劳动者能够接受多样、充足的培训，更有可能在所在国内找到合适的工作，并避免受到社会排斥、陷入贫困和不规则的迁移；伙伴国家变得更加繁荣和稳定，创造更多的贸易和投资机会；欧盟国家有机会招募合格的劳动者来填补技能和岗位空缺。

3.4 创新战略

欧盟创新战略的基础是2005年重启的针对发展和就业的新里斯本合作伙伴进程（New Lisbon Partnership for Growth and Job）[①]。该进程确认了未来进一步行动的主要领域之一，即促进发展的知识和创新。此外，该进程还订立了针对成员国未来三年的国家改革计划（National Reform

---

① European Union. The EU Innovation Agenda: Challenges for European Higher Education and Research [EB/OL]. [2020-11-05]. https://read.oecd-ilibrary.org/education/the-eu-innovation-agenda-challenges-for-european-higher-education-and-research_hemp-21-5ksj19w5lb6h#page1.

Programme）指导方针①以及促进雇佣关系改善的里斯本社区计划（Community Lisbon Programme）②。后者是欧盟创新议程（被称为里斯本议程（Lisbon Agenda））的基础。在创新战略实施进程中，欧盟致力于促进知识的流动并鼓励技术研发。

3.4.1　欧盟知识流动政策

2006年，欧盟委员会发布了一个名为"知识运用于实践"（Putting Knowledge into Practice）的战略。该战略明确了21世纪初的行动领域并且特别引入了一个更专业的促进产品和服务创新的框架。欧盟委员会认为，现在阻碍知识流动的主要障碍是不同领域存在的文化差异、法律壁垒、碎片化的市场以及缺乏激励机制，例如，一些成员国在国内确实建立了促进知识流动的机制，但是忽视了国家间的知识流动。所以，欧盟委员会提出了一系列政策建议，包括在大学培养一批具有高知识技能的劳动者，在校园实施相关的职业认证和职业技能培养项目，向劳动者提供在不同研究机构和产业中交流的机会，以及完善知识产权管理等措施。

3.4.2　欧盟研究政策

欧盟很早就开始致力于研究政策的制定，但系统的研究政策起始于20世纪80年代，关键性的一步是"年度性多方研究和科技发展框架项目"（Multiannual Research and Technological Development Framework Programmes，简写为FPs）的建立。FPs作为欧盟制定研究和科技政策的中心机制，成

---

① European Union. Verdict Time for National Economic Reform Programmes [EB/OL]. [2020-11-05]. https://www.euractiv.com/section/innovation-industry/news/verdict-time-for-national-economic-reform-programmes/.

② European Union. Community Lisbon Programme：Focuses on Eight Key Measures [EB/OL]. [2020-11-05]. https://www.euractiv.com/section/innovation-industry/news/community-lisbon-programme-focuses-on-eight-key-measures/.

为描述欧盟战略大方向的文件。但是，由于该项目需要投入大量的政治、经济资源，并且成员国各方的要求各异，所以对于整个欧盟来说，投入的局限性造成了研究的碎片化，这对于欧盟整体上的研究发展是远远不够的。其最近的一个框架计划强调了促进各成员国在研究领域的合作，包括资金投入，但仍然需要各成员国的大力配合。

最近的FPs体现了欧盟视野开始从单一的碎片化研究转变为增加更多的公共和私人资本投入以及加强各国的联合研究，主要包括：足够的、有能力的研究者能够自由地在机构、行业和国家间流动；基础性研究设施公共化；促进政府和个人在研究领域的合作，吸引人才和金融资源；促进公共和私人产业中知识的有效共享。

在研究和创新领域的未来发展方面，欧盟2018年发布了《科学、研究和创新绩效报告》（Science，Research and Innovation Performance of the EU Report，SRIP）。该报告分析了欧洲创新发展的状况和对欧盟国家未来创新发展的建议。这份报告还分析了欧盟各成员国在科学研究和创新方面的表现，以及在全球范围内这种表现背后的驱动因素。它结合了全面的、基于指标的宏观经济分析和对重要政策议题的深入分析研究。这是欧盟委员会研究和创新部门的代表性出版物。新版本每两年出版一次。SRIP 2018年的报告显示，欧洲现阶段有一个独特的机会引领下一波突破性科技创新，这些发展领域涉及经济和社会的各个领域，例如数字制造、基因组学、人工智能和物联网等。该报告得出的主要结论包括：欧盟经济社会的繁荣依赖于创新；欧盟是全球科学的卓越领导者，需要将这一领导力转化为更有影响力的创新和创业精神；欧盟必须确保整个社会对创新做出贡献并从中受益；创新的动态变化意味着，欧盟必须通过以使命为导向的方式来更新政策，更好地支持创造新市场的突破性创新。

3.5 积极就业政策

欧盟还在深入实施积极就业政策，主要涉及针对劳动力市场活力的综合发展政策和创造就业机会两方面内容，以及作为保障措施的改善就业治理方式的政策。

3.5.1 劳动力市场活力

在恢复劳动力市场活力方面，欧盟认为有必要对现有的劳动力市场进行更全面的规范，特别是在鼓励企业保持内部劳动力市场工作的灵活性、提高工资、减少不稳定就业、有效开展经济结构调整、鼓励终身学习、为青年群体提供更多就业机会、加强社会对话、扩展社会公共服务等方面进一步改革。同时，欧盟在应对劳动者技能与市场需求不匹配问题方面采取了更加有针对性的措施，即在确保有效预测技能需求的基础上，更好地识别技能现状与任职资格差异，并实现教育和工作之间的有效过渡。而在形成欧洲劳动力市场方面，欧盟强调要着力消除限制劳动者自由流动的法律与现实障碍，并加强劳动者的跨境匹配。

在支持、创造就业机会方面，欧盟认为可以通过刺激劳动力需求、给予招聘补贴、在确保财政可持续性的基础上减免税收、支持自谋职业与创业、规范就业形式、提高实际工资并促使工资制度现代化等措施推进就业促进政策的落实，并认为绿色经济、医疗保健以及信息通信技术领域是未来开展就业促进工作的重点。同时，在政策的经济基础方面，欧盟将欧洲社会基金视为动员欧盟各成员国开展就业促进工作的主要资金来源。

3.5.2 就业治理

在完善就业治理方面，欧盟现阶段正着力建立含有相关就业指标的基准系统，以联合就业报告草案的形式强化各国就业政策的协调与多边监督，并追踪各个成员国相关政策的进展情况。在这一过程中，欧盟通过引入第三方角色的方式有效发挥了社会合作伙伴的作用，并加强了就业政策与相关金融工具之间的联系。欧盟根据各个国家的改革方案和工作计划的优先事项编制合同和业务方案，再结合国家具体情况进行修订①。社会合作伙伴这一角色在欧盟大多数成员国都发挥着至关重要的作用，特别是在比利时、丹麦等国，社会合作机制为劳动者提供了多样性、有针对性的教育、培训内容。

欧盟提升劳动者素质的战略值得我国借鉴，但是这些战略和相关措施仍然存在一些局限性。一是在招生与劳动力市场需求方面的挑战，即高等教育和研究机构面临着向劳动力市场提供充足的高质量专业人才的挑战，欧盟国家必须增强对学生群体，特别是非传统的学生群体的关注。二是在研究领域的挑战。欧盟国家之间的政治、经济、社会、文化等差异，以及知识和人才流动的障碍都要求在未来促进欧盟层面的合作。三是在资金方面的挑战。政府投资渠道单一且资金不足，难以应对欧盟在提升人才素质战略中面对的新挑战，需要增加社会资金对教育、科研等方面的投资，将公共财政和社会资金结合起来，为人才素质提升战略的实施提供更加有力的保障。

---

① 具体内容详见欧洲货币联盟未来蓝图的相关表述：http://ec.europa.eu/archives/com-mission_2010–2014/president/news/archives/2012/11/pdf/blueprint_en.pdf。

第4章

德国：培训援助与职业服务

在工业4.0的背景下，德国传统的"双元制"培训体系逐渐呈现出学术化的发展趋势，而其高等教育却愈发职业化，但德国职业培训与教育的发展目标并未改变，即培养适应国家发展战略与未来技术走向的高素质、高技能劳动者队伍。同时，作为现代社会保险的发源地，德国在为本国劳动者提供充足的职业培训及相关服务的过程中，充分引入社会保障理念，将劳动者就业保障与职业培训、发展性就业服务准确衔接，实现了劳动者基本保障与发展需求的有效匹配。德国提升劳动者素质的主要内容见表4-1。

表4-1　　　　　　　　德国提升劳动者素质的主要内容

培训援助	就业服务	就业保障
➤教育支持服务	➤公共服务部门免费的就业帮助	
➤职业指导		➤职业医疗
➤入门培训	➤私营部门的就业与工作搜寻业务	➤职业安全与卫生
➤职业预科教育		➤技术安全
➤职业培训	➤教育配套	➤社会保障与福利政策
➤毕业帮助	➤基本就业安全保障	➤包容性就业保障
➤职业培训补贴	➤失业救济金	
➤由教育到工作的过渡		

从现有统计数字看，德国2019年第四季度失业率降至3.1%，这是自1990年德国统一以来就业形势最为理想的阶段之一。登记的职位空缺为

823 000个，比2018年增加72 000个。德国联邦劳工和社会事务部部长Hubertus Heil指出，技能短缺仍然是一个重要问题，并且在许多领域和行业中越来越明显，现在必须认真对待培训工作，帮助劳动者提升就业能力与水平。他给出的建议是通过降低失业保险金来减轻经济负担，实现预防性劳动力市场政策与更多预测性培训资源之间的平衡。

德国另一个涉及就业、职业培训的机构是联邦劳动局（联邦就业局）（Bundes-Agentur für Arbeit，www.arbeitsagentur.de），它是德国的官方劳动就业培训管理机构，由原来的政府就业服务机构改组而来，改组方向是服务型企业，负责向劳动者提供一般性培训、继续教育、职业教育、职业选择咨询等多方面的就业、培训服务。

4.1　培训援助与继续教育

在原有的"双元制"体系的基础上,德国政府目前采取的主要政策包括:一是在培训援助方面提供教育支持与职业指导服务,通过就业预备课程帮助没有离校资格的年轻人获取毕业证书以及实现年轻人从教育到就业的有效过渡。二是通过私营或公共形式提供就业服务。三是采取多种形式的就业保障措施。此外,德国还通过制定国家培训战略的方式维持并提高劳动者的技能与能力。

4.1.1　入门培训与培训援助

入门培训是指在政府指定日期之前没有找到培训地点、培训场所的申请人,以及处于弱势地位或不适合接受职业培训的年轻人,可以通过公共部门开展的入门资格培训获得支持。入门培训是作为企业的长期实习项目进行的,参与者应获得基础性职业技能,具体内容基于培训专业的要求存在差异。培训结束后,应参加者的要求,可以给予其培训证书。此外,从事初级入门培训的雇主或企业可以获得每月最高231欧元的补贴,用以弥补成本或支付培训对象的社会保障费。

在培训援助中,教育支持服务旨在为年轻人提供参加职业培训的机会。德国政府认为年轻人正处于职业生涯的开端,在从教育向就业过渡时需要为其提供支持。这些措施包括免费提供职业辅导和就业服务并加强职业培训。此外,年轻人还受益于德国就业促进法的规定。教育支持服务的主要内容包括职业预科教育、入门培训、职业培训补贴、培训辅助工具支持、失业者职业培训、青年住宅支持项目以及其他辅助训练。职业培训补贴的目标是克服妨碍职业培训的经济困难,支持对培训市场的补偿,以及确保和改善职业流动。职业培训补贴的数额取决于申请人的住宿类型、学徒培训补贴的数额以及父母和配偶或生活伴侣的年收入，最高补贴费用为622欧元。职业培训补贴是就业促进政策包含的强制性福利，如果申请人同时满足其他资格条件，则在其参加内部职业培训、职前培训或外部职业培训期间提供。

4.1.2 继续教育与预科教育

德国联邦劳工和社会事务部认为，在数字化时代以及各组织、企业和职业的多样化变革中，德国正面临着新的深刻挑战，在培训领域涉及职业继续教育和资格认证两方面内容。即使企业内部培训的责任主要在于雇主和企业，但在进行职业资格调整的情况下，国家的劳动力市场政策仍然是支持员工和企业发展的重要内容。鉴于此，德国联邦劳动局提供的继续教育资金不仅针对失业群体，满足条件的在职员工也可以从补贴中受益，这也适用于没有职业资格的员工，因为他们的失业风险高于平均水平。同时，德国政府在继续教育方面的政策规定了所有合作伙伴的行动规则，旨在共同为员工、求职者和企业提供机会，以积极塑造不断变化的数字化工作世界。

职业预科教育由教育机构进行十个月的全职培训，为年轻人提供实践机会和各专业领域的培训。联邦劳动局的职前培训计划，基于职前培训措施的专业概念，在内容开放设计原则的指导下，通过全面的能力分析确定培训对象现有的知识、技能和能力，以及学术、理论和实践方面的缺陷。此外，其对个人的支持计划还规定了参与者接受职业培训的各个步骤，参与者进入职业学校，获得实践机会，学会职业融合，在就业前获得一些机会进入就业市场，采用以生产为导向的方法减轻其培训成本。

4.1.3 工作4.0

通过2015年4月至2016年底的工作4.0对话程序，德国联邦劳工和社会事务部为有关劳动的未来的技术性对话搭建了框架。除了考虑到在工业

4.0的新生产环境中工作，德国联邦政府还基于"做好工作"指导原则的目标，力求预见并帮助塑造未来工作社会的游戏条件和规则。德国联邦劳工和社会事务部提出的工作4.0与当前有关第四次工业革命的讨论（工业4.0）联系在一起，将重点放在工作形式和雇佣关系上，不仅在工业部门，而且在整个工作领域进行探讨。

对于工作发展的历史，德国联邦劳工和社会事务部做了较为详细的描述。[①]工作1.0起始于工业社会的建立和第一个工人组织的出现。随着18世纪末蒸汽机和机械生产系统的引入，不仅生产方法发生了变化，新兴阶级的社会结构和工人的自我形象也发生了变化。工作2.0意味着大规模生产的开始和19世纪末福利国家的出现。工业化带来了新的社会问题，并提出了基本的社会保障问题。社会问题的加剧和有组织工人力量的日益增强，是德国率先实行社会保险计划的重要原因。工作3.0是基于社会市场经济的福利国家和工人权利建立的工作场所内的规则或模式。雇主和雇员在社会伙伴关系中彼此协商，在公司乃至全体员工中，对共同利益的保护是毋庸置疑的。随后，竞争压力和放松管制加剧了对社会权利的质疑。自20世纪80年代以来，信息技术和电子技术的使用使生产进一步自动化。

德国联邦劳工和社会事务部认为工作4.0将更加互联、灵活和数字化。未来的工作世界将如何呈现是未知的。自21世纪初以来，德国在生产方式上面临着另一项根本变化：人机之间不断发展的网络和合作关系不仅改变了工业生产方式，还创造了全新的产品和服务。文化和社会变革对工作产生了新的需求，对产品和服务的需求也在变化。这些发展对工作组织和社会保障的影响是可见且广泛的，德国联邦劳工和社会事务部认为德国正

---

① 德国联邦劳工和社会事务部联合学术顾问组、企业代表、科学和业务实践方面的专家围绕新技术条件下的工作特征进行了一年多的讨论，并形成了初步的政策倾向与结果。内容详见：https://www.bmas.de/DE/Themen/Arbeitsmarkt/Arbeiten-vier-null/arbeiten-4-0.html。

处于个人、社会伙伴和国家之间新的谈判过程的初始阶段。

4.1.4　教育和培训联盟

2014年12月12日，德国联邦政府、各行业协会、工会、联邦各州和联邦劳动局共同成立了教育和培训联盟，取代了以前的国家培训和技术工人协议（"培训条约"）。[①]该联盟的各方合作伙伴均希望共同加强职业培训，认为每一位对教育感兴趣的劳动者都应该走上一条可以尽早获得职业资格认证的道路。此外，企业培训的优先权得到确立。

通过辅助培训和更多与培训相关的帮助，德国联邦政府可以为年轻人提供更广泛的"双元制"职业培训支持。企业也可以通过辅助培训获得支持。该联盟预计每年提供约50万个实习职位，并承诺为每个参与的年轻人提供3项内部培训。德国联邦政府将重新设计从教育到就业的过渡环节。在未来，即使是中学阶段，年轻人也能够获得更多有关"双元制"的信息作为学习的等价替代方案。此外，所有这一联盟的合作伙伴也希望参与促进整个德国职业培训的联合活动。

此外，德国联邦劳工和社会事务部预计，到2025年，数字化技术变革将使德国的劳动力市场损失约130万个现有工作岗位，但将创造约210万个新的工作岗位。为了应对工作场所日益深化的数字化转型对劳动者技能提出的挑战，德国联邦劳工和社会事务部、联邦教育与研究部共同制定了国家培训战略。[②]这是德国历史上第一次实现由政府部门、社会伙伴、

---

① 教育和培训联盟涉及德国联邦经济事务和能源部、联邦教育与研究部、联邦劳工和社会事务部、德国工会联合会、教育部长会议、德国雇主协会联合会、联邦自由职业协会等部门。内容详见：https://www.bmas.de/DE/Themen/Aus-und-Weiterbildung/Allianz-fuer-Aus-und-Weiterbildung/allianz-fuer-aus-und-weiterbildung.html。

② 德国劳工和社会事务部详细分析了数字化技术变革将对德国劳动力市场带来的变化，在人员数量、行业特征、资金需求等方面均做出了有针对性的判断。内容详见：https://www.bmas.de/SharedDocs/Downloads/DE/Thema-Aus-Weiterbildung/strategiepapier-nationale-weiterbildungsstrategie.pdf?__blob=publicationFile&v=3。

商会和联邦劳动局合作推进劳动者的技能培训与水平提升，也是新的教育与培训联盟作用得以发挥的最直观体现。国家层面的继续教育是这一战略的核心内容。通过专注于职业发展，各战略合作伙伴将更加透明地开展职业继续教育，为寻求发展的劳动者创造更多的资助机会，这一政策将会向培训参与率低于劳动力市场平均水平的人群与地区倾斜，并帮助没有大型人力资源部门的中小型企业制订培训计划。

德国联邦劳工和社会事务部从德国继续教育面临的挑战出发，明确了德国目前面临的行业层面的结构性变革，以及通过强化职业教育、培育新的培训文化来适应这一变革趋势的措施，并强调了国家继续教育战略的重要性，具体涉及提高继续教育的透明度、促进继续教育的保障措施、对中小企业给予支持、发挥社会伙伴的作用、评估培训质量以及对劳动者的其他保障措施等内容。

4.2　职业服务

职业服务是公共服务的重要组成部分，是现代劳动力市场服务的核心内容，是促进年轻人融入工作的关键步骤。职业服务不仅是向相关劳动者提供援助，而且是在法律上锚定对体面工作的支持。职业服务不仅应防止失业，而且应使劳动者享有与人类尊严相对应的工作与生活。职业服务涉及部分免费的公共教育和就业服务，包括特定建议和信息服务。具体内容主要有对职业选择的规定、有关行业和专业领域的介绍，以及职业培训、职业定位、职业生涯选择、职业安全等。

4.2.1　就业服务

在就业服务中，免费的公共就业服务是公共服务的重要组成部分，是劳动力市场现代服务的重要内容，而由公共财政支持的联邦职业介绍所则是德国劳动力市场现代服务的核心。但是，在对求职人员的支持方面，私营职业介绍所也可以为工作搜寻做出贡献。公共就业机构可以为求职者提供基本的就业服务与福利，私营劳务市场服务提供者的参与可能会带来额外的就业机会。职业介绍所或公共就业机构的安置活动往往能得到综合服务部门的支持，而且支持的方式有多种。此外，就业服务还包括教育配套、基本就业安全保障、失业救济金等具体的服务内容。截至2019年6月底，德国联邦劳动局提供的就业服务覆盖了163.2万个就业岗位，提供培训名额36万个，为213.7万名申请人提供了工作搜寻服务。[1]

具体而言，联邦职业介绍所的就业服务以失业人群或有更换职业意愿的劳动者为主要服务群体，要求服务对象在培训后或雇佣关系终止前三个月内向联邦职业介绍所报备并注册，之后可免费为其提供服务，企业组织的内部培训不在上述培训范围内。联邦职业介绍所还提供职业搜寻与匹配的在线资源，同时，也帮助失业者自谋职业，并为寻求职业培训的劳动者提供企业招收学徒的信息。对于有求职意愿但未获得从业资质的劳动者，联邦职业介绍所还提供调解支持服务，考虑到求职者与企业的具体需求，主要通过向企业发放融合津贴的形式鼓励企业招收未获得从业资质的劳动者并开展相应的培训。私营职业介绍所提供的是面向全体劳动者的自愿商业登记服务，在求职者成功获得职位后才可以向其收取服务费用，最高不得超过2 000欧元。

4.2.2　职业安全

德国对职业安全的保障内容主要由以下几个方面构成：职业健康预防、职业安全与卫生战略、工作场所健康保障、技术安全、产品安全等。

---

① 联邦劳动局提供的就业服务涉及服务业、采掘业、农业、轻工业以及行政管理、医疗护理、IT行业等的诸多职业，并为雇主提供服务便于其顺利进行招聘活动。内容详见：https://job-boerse.arbeitsagentur.de/vamJB/startseite.html?kgr=as&aa=1&m=1&vorschlagsfunktionaktiv=true。

各项职业安全措施均以《职业健康与安全法》（Act on the Implementation of Measures of Occupational Safety and Health to Encourage Improvements in the Safety and Health Protection of Workers at Work）为依据，要求企业评估工作场所的健康危害并采取必要的保护措施。企业必须在内部组建有效的职业安全组织，将职业健康和安全可持续地整合到企业的组织结构和运作过程中，还应为特别危险的工作区域和工作情况做出预防和安排。在实施职业安全措施时，《职业健康与安全法》也赋予了雇主一定的行动自由，以便适应不同企业的现实情况。

德国职业安全与健康委员会的构成十分完备，由工作场所委员会（ASTA）、职业医学委员会（AfAMed）、工作设备委员会（ABS）、生物制剂委员会（ABAS）以及有害物质委员会（AGS）五个部门共同组建。德国联邦劳工和社会事务部从德国各州委员会收集有关工人安全和健康问题的建议，并委托职业安全与健康委员会研究并制定相应的国家政策与法规，其中，最重要的是德国职业安全与健康战略（GDA）。该战略是联邦政府、各州和保险机构为加强职业安全与健康而采取的永久性协同行动。这一战略为企业制定激励措施，鼓励企业（特别是中小型企业）在各级健康保护方面实施可持续的长期预防政策。职业安全与健康战略落实了统一预防与协同行动，能够在联合咨询和监测的基础上采取监督行动，并在职业安全和健康协调中更有效地利用资源。从立法角度考虑，这一战略提供了一个可理解、可管理和可协调的规则，重新梳理了国家健康和安全立法与保险机构的自治法规之间的关系，使法律更简单、更实际、更透明。职业安全与健康战略的健康和安全目标由国家职业安全会议（NAK）制定和更新[①]。总体而言，职业安全与健康战略为德国构建以就业为导向的双

---

① 国家职业安全会议（NAK）是职业安全与健康战略（GDA）的核心决策和协调平台，成立于2008年12月。它由三方投票代表组成，分别来自联邦政府、各州和保险机构。此外，社会合作伙伴组织最多可以有三名代表以顾问身份参加。内容详见：https://www.bmas.de/DE/Themen/Arbeitsschutz/Arbeitsschutzstrategie/arbeitsschutzstrategie.html。

重职业安全与健康体系做出了重要贡献。

4.2.3　职能保障

从不同委员会的专业分工看，德国职业安全与健康委员会的职责广泛且丰富。工作场所委员会基于《工作场所条例》（ArbStättV）的要求组建，拥有15名名誉会员和15名兼职名誉会员，负责根据医疗技术、职业医学和卫生方面的最新进展，为工作场所工人的安全和健康制定适当的规则和其他科学标准；制定有关如何满足《工作场所条例》要求的工作场所规则，并为如何进一步确保安全和保护工人健康提出建议；就与工作场所工人的安全和健康有关的所有事项向德国联邦劳工和社会事务部提供咨询服务；修订《工作场所条例》中的《工作场所技术规则》（ASR）并监督其实践情况。

职业医学委员会根据《职业卫生保健条例》（ArbMedVV）的要求组建，由15名名誉会员和15名兼职名誉会员构成，主要负责制定与职业医学状况和其他既有发现相对应的政策；就如何满足《职业卫生保健条例》所载规定，特别是有关强制性、选择性医疗规定的内容和程度，确定规例和调查结果；就职业卫生预防保健工作提供建议；发布有关医疗保健的其他建议，并作为企业内部医疗计划的一部分；确定有关其他预防性职业保健措施的法规和调查结果，特别是有关向工人提供一般职业保健建议的法规和调查结果；从医学的角度，就与预防性职业健康护理有关的所有问题以及和职业安全与卫生有关的其他问题，向德国联邦劳工和社会事务部提供建议；监督《职业卫生保健条例》中的《职业医学规则》（AMR）的落实情况。

工作设备委员会是根据《工业安全与健康条例》（BetrSichV）第21条设立的，拥有20名名誉会员和20名兼职名誉会员。其职责包括：就使用的工作设备确定该领域在科学技术、职业医学和卫生方面的最新技术以及其他可靠的研究发现，并就此提出建议；就噪声、光辐射、电磁辐射等安全和健康问题向德国联邦劳工和社会事务部提供建议；完善《工业安全与健康条例》、《噪声与振动职业安全与健康条例》（LärmVibrationsArb-SchV）、《职业技术规范》（TRBS）、《人工光辐射安全与健康条例》（OS-trV）和《电磁场职业安全与健康条例》（EMFV）的内容并监督其落实情况。

生物制剂委员会基于《生物制剂条例》（BioStoffV）第19条建立，有15名名誉会员和15名兼职名誉会员，主要职能涉及：关注生物制剂活动的科学技术、职业医学和卫生方面的最新技术以及其他经过验证的发现，并提出适当的建议；对生物制剂进行科学评估，并提供危险级别划分的建议；就生物安全问题向德国联邦劳工和社会事务部提供咨询服务；制定《生物制剂条例》（BioStoffV）中的《生物制剂技术规则》（TRBA）并监督其落实情况。

有害物质委员会基于《有害物质条例》（GefStoffV）第20条确立，有20名名誉会员和20名兼职名誉会员，其职责包括：确定工作场所如何满足《有害物质条例》的要求，并提出与科学技术、职业医学和卫生方面最新技术相对应的建议；就有关有害物质和化学安全的所有问题向德国联邦劳工和社会事务部提供咨询服务，以及提出并定期审查有害物质的职业接触限值、生物学限值和其他评估标准；监督《有害物质条例》中的《有害物质技术规则》（TRGS）的落实情况。

4.2.4 失业援助

德国联邦劳工和社会事务部认为需要对约75万长期失业者给予更多关注，并以"MitArbeit"为题提出了减少长期失业的总体概念。作为这一概念的一部分，同时也作为德国劳动力市场新的政策工具的一部分，2019年1月1日通过的《参与机会法》为劳动力市场中的长期失业者提供了两个新的备选方案：长期失业的整合/参与劳动力市场。对于长期失业者的界定，德国联邦劳工和社会事务部提出的标准是年满25岁且失业至少2

年，在过去7年中至少有6年获得了失业救济金，并在这期间没有或只是短暂受雇。在造成长期失业的原因方面，德国政府认为要么是企业对任职资格的要求太高，要么是雇主基于不信任不愿雇用长期失业的人。

为了鼓励企业雇用长期失业者，《参与机会法》规定雇用已获得失业救济金6年以上人员的公司可以获得新员工薪水补贴。在前2年，补贴额度是社会最低工资的100%，之后每年减少10%，资助期限最长为5年。而雇用失业超过2年的人员的公司将获得为期2年的补助金，第一年补贴定期支付工资的75%，第二年补贴50%。全部资金来源于联邦预算，雇主可向所在地区的就业工作中心申请。

4.3　包容性就业保障

在德国包容性的就业保障措施中，除了涉及上文中有关职业安全方面的若干内容外，也包括专业化的社会保障与福利政策，还有以残疾人为主体的就业困难群体包容性就业保障措施。德国劳动力市场方面的残疾人政策与《联合国残疾人权利公约》基本保持一致，其实行的"联邦政府国家行动计划"旨在保障德国残疾人群体在政治、社会、经济、文化生活中的权利以及平等的受教育机会，还包括帮助残疾人群体实现无障碍的社会融合和自决能力。该"国家行动计划"自2011年至今共实施了两期。

4.3.1　国家行动计划1.0

第一期计划的早期版本于2007年以"议定书"形式提交联邦议会并于2009年正式批准。2011年德国政府以"议定书"为基础形成了执行《联合国残疾人权利公约》的国家行动计划，内容共涉及12个领域：工作与就业、教育、康复护理、儿童与家庭、残疾妇女群体、老年残疾人群体、基本生活、流动性、文化休闲、社会参与、人格保障以及国际合作。

该计划在制订过程中注重民间参与，特别是残疾公民的参与，但并未形成最终文件，而是在之后的若干年间逐步补充。根据德国联邦劳工和社会事务部的公示内容，12个领域的具体内容包括[①]：

（1）工作与就业方面主要涉及残疾人就业政策、残疾人职业定位与培训、职业康复系统、残疾人政策工作坊、提升雇主责任意识5个方面；

（2）教育方面以残疾人的院校教育为主，辅以包容性的教育政策研究；

（3）康复护理方面以预防和保健为首要任务，伴随以群体为区分的针对性康复评估和关怀措施；

（4）儿童与家庭政策主要包括包容性的儿童教育、残疾父母帮扶以及残疾学生的性教育等内容；

（5）对残疾妇女群体的保障措施有"德国残疾妇女的生活状况"数据收集和评估、政治性宣传以及预防暴力侵害等；

（6）对老年残疾人群体的保障集中于生活照料与人文关怀方面；

（7）在落实对残疾人的基本生活保障时，强调在住房与基础设施、家庭环境和包容性的社交空间等方面改善残疾人生存境遇；

（8）对残疾人流动性的关注体现在交通工具的无偿使用（以距居住地50千米为限）、公共交通工具的便捷性、道路的无障碍设计等方面；

（9）文化休闲方面的政策体现在日常生活用品的包容性设计、残疾人体育活动、视听障碍者的文化产品提供、志愿服务等方面；

（10）社会参与方面的保障措施则通过反歧视条款、残疾的社会补偿、残疾人组织的权利保障、电子信息服务以及政治选举等得以体现；

（11）对残疾人人格权的保障主要通过司法途径实现；

---

① 第一期计划自2011年起经过不断完善已经形成了较为完备的残疾人保障体系，其内容覆盖了工作就业、家庭生活、社会生活等各个方面。内容详见：https://www.gemeinsam-einfach-machen.de/GEM/DE/AS/NAP/NAP_10/nap_10_node.html。

（12）在国际合作中，除了欧盟层面的合作外，还注重加强与发展中国家的人道主义援助合作。

在第一期计划中，德国联邦劳工和社会事务部作为各州的联络部门负责具体的政策落实工作，包括残疾政策的设计和对计划执行委员会的监督。计划的实施过程还涉及政府机构、检测机构与民间组织的协调配合，各主体以德国联邦劳工和社会事务部下设的联络点为纽带定期交换有关"国家行动计划"和《联合国残疾人权利公约》执行情况的信息。

4.3.2　国家行动计划2.0

德国联邦内阁于2016年6月28日批准了国家层面的第二期计划，旨在为残疾人群体提供更多的自决权和参与权。在第二期计划中，德国政府继续通过联邦层面的针对性措施促进残疾人融入社会，至今已在第一期计划的基础上落实了13个地区的175项具体措施。除第一期计划的相关内容外，第二期计划将"包容性与责任意识"扩展为第13个领域的内容，主要包括国家内部政策责任的界定和外部合作认识的提升两类政策，前者作为这一领域的重点内容，涉及提高医疗服务可及性、建立平等就业基金、完善残疾人社会参与程度调查等方面的内容。

同时，第二期计划还制定了有关保障残疾人权利平等立法的计划目标，强调提高残疾人在职业生活中的参与程度，并预计投入2.3亿欧元。德国现行《残疾人平等法》和《联邦参与法》的制定与完善促进了残疾人对工作生活的参与，《第一、第二护理法案》（Erste und Zweite Pflegestärkungsgesetz）强调为残疾人提供更多的针对性健康和护理服务，以帮助其重返劳动力市场。值得注意的是，《联邦参与法》将为残疾人群体提供的"（社会）融合服务"从社会福利体系中分离出来，作为单独的辅助措施在收入、康复服务、独立的参与权、工作与就业自由、受教育权以及名誉权等方面给予保障。

此外，第二期计划还注重在工作场所内部帮助残疾人恢复并维持就业能力。雇主被要求为残疾雇员提供工作场所整合管理，以保持其就业能力。工作场所整合管理可以描述为一种动员内部和外部知识的有组织的合作方法，目的是通过恢复残疾雇员的就业能力并长期维持其就业能力来防止失业。作为早期干预的一种形式，它还有助于确保个人获得融入劳动力市场的机会。工作场所整合管理的具体内容包含在《社会法典》第Ⅸ卷（SGB Ⅸ）第84条中，该条规定雇主必须为连续6年或在给定年度内经常性工作（连续6个星期以上）的所有雇员提供整合管理，这意味着雇主必须评估如何才能最有效地规避雇员工作能力不足的风险。工作场所整合管理遵循残疾雇员自决原则，这意味着采取什么措施取决于员工对计划的同意和参与情况。如果满足相关标准，对于雇主来说，整合管理就是强制性的，对于雇员而言，则可以自愿参与。

4.3.3 促进重度残疾人就业

德国《社会法典》第Ⅸ卷第2部分（SGB Ⅸ第68页）包含的针对重度残疾人的特殊规定适用于残障程度在30%至50%之间，并且因此无法找到或保留合适的工作的残障人士。对他们的就业保障由联邦职业介绍所落实，主要包括免遭解雇、工作协助和强制性工作三方面内容。如果说《社会法典》第Ⅸ卷为重度残疾人提供了深远的工作场所保护，那么《一般残疾人待遇法》将这一保护扩展到了所有残疾人。它涵盖了工作生活的所有领域，从招聘选择到接受进一步的教育和培训，再到晋升机会。

免遭解雇的主要内容包括：向雇主提供补贴，以促进其对重度残疾人的招聘和安置；涉及终止或变更雇佣关系的情况，必须事先获得当地残疾人就业融合办公室批准；重度残疾人有额外的带薪假；在持续雇用5名或5名以上重度残疾人的公司或组织中，其必须与劳动委员会代表一起选举重度残疾人的代表。

工作协助为重度残疾人提供了定期的支持，使其在现有工作中能够获得可持续的保障，并认为如果相关服务是使重度残疾人满足工作市场要求，并以竞争性方式履行雇佣合同条款所要求职责的唯一途径，则企业或其他组织不得阻碍相关服务的落实。工作协助包括为身体严重残疾的人提供个人帮助，为盲人和视力障碍者提供阅读助手以及为聋人提供手语翻译。帮助残疾人就业的援助费用由康复基金承担，而为维持残疾人现有就业能力所产生的此类费用则由残疾人就业融合办公室负责。

强制性工作是指《社会法典》要求雇主必须检查当前在联邦职业介绍所登记的重度残疾人或被分类为与重度残疾人相当的其他残疾人是否可以从事有关工作（SGB Ⅸ，第81条），并在工作场所为残疾人充分利用其技能和知识提供必要的技术帮助。所有拥有20个或更多职位的公共和私营部门雇主都必须雇用重度残疾人，比例不得低于5%（SGB Ⅸ，第71条）。未分配给重度残疾人工作岗位的组织或单位，必须支付补偿费，金额根据其必须雇用的重度残疾人数量而定，这一措施旨在激励雇主招募和雇用更多的重度残疾人。补偿费产生的收入用于支付残疾人就业融合办公室和其他就业机构在雇用重度残疾人方面提供服务产生的费用。

4.3.4　难民庇护与就业

德国为难民和寻求庇护者提供了完整的融入德国社会的服务与路径。围绕《融合法》（Integration Act/Integrationsgesetz），德国政府以"我们坚强地团结在一起"为口号，承认通过注册和认证的难民与寻求庇护者拥有与德国公民平等的权利与义务，并为其融入劳动力市场提供帮助。德国政府从难民和寻求庇护者的语言学习入手，以欧洲社会基金（ESF）和德国联邦移民与难民局（BAMF）的ESF-BAMF计划为主，提供德语扫盲和入门课程，其在达到B2级别后可继续学习综合语言课程（CLP），以提高到C1级。

在相关人员进入劳动力市场时，德国政府选择了差异化的准入机制。难民进入劳动力市场的途径取决于其在《居住法》中的地位，德国自2016年起开始对10万名难民提供融合帮助，涉及职业培训、从业资格与市场准入等，具体内容取决于地区劳动力市场的发展程度。寻求庇护者在提交真实身份信息及其他必要资料后，有3个月的时间进行进入劳动力市场前的准备工作。在前4年时间里他们需要接受所在地区政府的工作审查并由其签发工作许可，获得许可后享有德国劳动者所具有的同等权利；4年后不再需要相应的工作许可。此外，符合欧盟蓝卡工作要求（具有学士学位和从事短缺职业，如IT工程师、医生等，薪金起付额度低于37 752欧元）的申请人可以跳过工作审查阶段直接进入劳动力市场。

第5章

比利时：社会合作机制

近年来，在提升劳动者素质的过程中，比利时最为独特的是充分引入了社会合作机制并依靠社会合作伙伴，包括企业、社会组织、社区组织以及其他非官方机构。具体而言，其内容主要包括：为应对劳动力市场波动而实施的就业与技能战略（Employment and Skills Strategies）[①]和为适应绿色经济发展需求开展的绿色技能发展规划（Boosting Skills for Greener Jobs）[②]。在比利时 2017—2030 年新战略中，数字集成、能源（绿色能源）领域发展和人员互联互通是三个核心领域。从比利时现有的关于劳动者素质提升的发展规划与政策内容看，这一阶段对于劳动者素质提升的要求主要集中在职业需求导向的人才培养和支撑绿色经济发展的劳动者技能方面，相对应的规划或政策内容就是就业与技能战略和绿色技能发展规划（见表5-1）。

在资料收集与分析过程中，通过对其政策内容的结构化，我们发现比利时与中国在高质量发展背景下提升劳动者素质过程中的最大差异是，比利时强调社会合作伙伴的参与和作用的发挥，并将其视为政策、

---

① OECD. Creation Employment and Skills Strategies in Flanders，Belgium［EB/OL］.［2020-11-05］. http://www.oecd.org/belgium/employment-and-skills-strategies-in-flanders-belgium-9789264228740-en.htm.

② OECD. Boosting Skills for Greener Jobs in Flanders，Belgium［EB/OL］.［2020-11-05］. http://www.oecd.org/belgium/boosting-skills-for-greener-jobs-in-flanders-belgium-9789264265264-en.htm.

表 5-1 比利时的就业与技能战略和绿色技能发展规划

就业与技能战略	绿色技能发展规划
➤职业服务管理：比利时开展职业服务管理经验最丰富的是弗拉芒大区，主要涉及就业服务、职业服务、职业培训和劳动者能力评估四个方面	➤需要对当前的培训、教育和资格制度进行调整 ➤提高劳动者向绿色经济过渡的绿色技能需要在政策上给予一定的支持
➤谈判与社会对话机制：在比利时的集体谈判与社会对话机制中，非常重要的一点是"对等"，即谈判双方的地位是平等的	➤私营部门参与即公私合作将更加普遍，行业平台可以帮助企业和各部门之间开展合作，大学和职业培训机构可以联合开发共享知识平台
➤职业教育及培训系统：第一阶段是较为全面但基础的课程，第二阶段提供相应的职业选择，第三阶段基本完成相应的课程	➤从传统的"棕色"产业过渡到绿色经济，技能的转变与发展至关重要，虽然技术替代与岗位变动不会立刻实现，但趋势不可逆转

规划的主要执行者[①]。现阶段，比利时在已有的劳动者技能提升政策基础上，形成了新战略背景下由上而下构建规划框架与自下而上灵活落实政策相结合的，结构完整、内容全面、基础扎实、伙伴众多、形式多样且可持续的劳动者素质提升体系。

---

① 这里的社会合作伙伴主要包括相关市场主体、社会组织、社区组织等，同时，两国社区的概念也存在很大差异，在下文关于不同角色的作用部分会有详细描述。

5.1 2018—2023年经济展望

比利时每年的（5年期）经济展望相关文件均由比利时联邦规划局（FPB）公布。联邦规划局是一个公共利益机构，负责对经济、社会和环境政策问题进行研究和预测，以协助政府决策。同时，它还从可持续发展的角度审视其工作。其科学专长由政府、议会、社会对话者以及国家和国际机构给予支持。联邦规划局以独立、公开、透明为主要特征，以社会公众利益为关注点。

根据比利时联邦规划局公布的2018—2023年经济展望文件①的内容，未来5年比利时社会经济发展的劳动力基础较为坚实，但劳动力发展的人员基础可能会有所欠缺。具体来看，比利时的劳动年龄人口增长率正逐步下降，2016年为0.22%，2017年这一数字下降到0.19%，2018年进一步下降到0.15%，至2023年将趋近于零。在整个预测期内，预计劳动年龄人口将增加29 500人，远低于过去6年的这一数值。此外，随着劳动年龄人口中年龄较大的老年人口的比例继续增加，中期人口增长对劳动力增长的贡献为负，平均每年为-0.09%，在2023年预计会达到-0.22%，这使得比利时劳动力市场面临越来越大的压力。

在过去10年，比利时的部分改革对适龄劳动力的劳动参与率产生了一些负面影响，特别是高等教育改革、失业者再就业监控和补贴制度改革的影响是持续的。根据其文件的描述，影响的具体内容在2018年6月公布的完整文件中有所呈现。

与此同时，比利时的宏观经济活力从2015年的72.8%上升到2017年

---

① Bureau Fédéral du Plan. Perspectives économiques 2018-2023-Version de mars 2018 [EB/OL]. [2020-11-03]. https://www.plan.be/publications/publication-1766-fr-perspectives+economiques+2018+2023+version+de+mars+2018.

的 73.3%，联邦规划局预计 2023 年这一数字会进一步上升到 74.2%。考虑到人口贡献率越来越低，劳动力供给的增长也将逐渐放缓，预计 2021 年新增劳动力仅为 12 400 人，2022 年预计约为 4 600 人。在此背景下，要维持 74.2% 的宏观经济活力，在劳动力供给增速趋缓甚至趋零的情况下，就要保持劳动力市场中适龄劳动力的劳动参与率。

此外，结合 2016 年 10 月 31 日比利时首相夏尔·米歇尔在首届中国-比利时经济论坛上提出的比利时正在塑造的 2017—2030 年新战略来看，比利时把数字集成、能源领域和人员互联互通以及公民医疗技术发展等方面作为战略重点。这意味着维持 2018—2023 年预测期内劳动者相应的技能水平以保持其劳动参与率，满足新战略对劳动者素质提升的需求，进一步实现劳动力市场的可持续发展，保证宏观经济活力的稳定增长是比利时构筑 2017—2030 年新战略经济与劳动力基础的重要组成部分。在此基础上，比利时现阶段实行了两项规模较大的劳动者素质（技能）提升战略：一是就业与技能战略；二是绿色技能发展规划。

5.1.1 就业与技能战略

从 OECD 2015—2019 年的统计数据来看，比利时经济在经历了 2012 年的小幅收缩后，近年来逐渐恢复，但劳动力市场长期的结构性问题仍然存在，即新增岗位数量减少、结构性失业率高、年轻群体与老年劳动者的失业率高和低技能水平移民的进入。这是比利时实施就业与技能战略的劳动力市场背景。

在比利时，由上至下的联邦（中央）、地区（弗拉芒大区、瓦隆大区、布鲁塞尔地区）以及各社区或语区（荷兰语、法语、德语）的政府权力互斥，各地区政府部门主导了本地区的经济社会发展，经济和就业政策在比利时被认为是"属地问题"，因此各地区都可以实施自己关于劳动力市场的政策，且政府如果要作为这些政策的主导者（主管角色），就要在与社会合作伙伴的协议中予以明确。这是比利时实施就业与技能战略的政治背景。

比利时现阶段的劳动力市场政策是利用地区和社区（语区）的力量建立起来的，因而各地区的政策差异化特征较为明显，但从内容上看，其在方向上仍有一致性，与欧盟的框架类似，均涉及了工作场所多样性、职业指导、劳动力流动、教育制度、企业家精神、公共和私人劳动争议调解、社会经济、就业措施、劳工移民、政策部门等内容，这基本上涵盖了与劳动力市场相关的各个方面。这是比利时实施就业与技能战略的政策背景。

这一战略的主要内容包括：一是职业服务管理。比利时开展职业服务管理经验最丰富的是弗拉芒大区，主要涉及就业服务、职业服务、职业培训和劳动者能力评估四个方面，较为突出的是培训机构 VDAB、公众社会福利中心（OCMW）、本地职业介绍所（PWA）和其他服务于地方的就业促进计划。

二是谈判与社会对话机制。在比利时的谈判与社会对话机制中，非常重要的一点是"对等"，即谈判双方的地位是平等的。从弗拉芒大区的经验看，建立一个有强大的网络与影响力的理事会或委员会来协调工会（或其他劳动者代表组织）与雇主组织的集体谈判是十分重要的，而且其作用非常明显，尤其是在涉及社会经济领域相关政策的制定与实施时。

弗拉芒大区的这一组织是（弗拉芒大区）社会经济委员会，该组织不仅作为协调雇主组织与工会的协商机构，还是弗拉芒大区政府在社会经济议题方面的咨询机构，它侧重于社会经济中的工作、教育、培训、社会保护、多样性和创新等问题。与之类似的还有（弗拉芒大区）经济社会咨询委员会，它是一个专业的协商机构，协调雇主组织、工会与政府关于社会经济议题的谈判，当达成一致时，政府必须服从所达成的结果。在基层，还有弗拉芒大区政府资助的 SERR 和 RESOC 两个机构，其作用与（弗拉芒大区）社会经济委员会类似。这两个机构作为传导劳动者发展诉求、雇主利益需求和政府政策导向的中间角色，在制定劳动力市场政策方面发挥着重要作用，但它们对政策的影响力取决于当地的政治体制和政治局面。

三是职业教育及培训系统。在比利时，18岁之前的基础教育阶段是强制实施的。之后是相应的中等教育，共分为三个阶段：第一阶段是较为全面但基础的课程；第二阶段提供相应的职业选择；第三阶段基本完成相应的职业课程。在这一过程中，全日制（学校）课程提供普通教育（ASO）、技术教育（TSO）和职业教育（BSO）；中等职业学校提供兼职课程，即下文的"替代性中等教育"。

其他方面还有下文即将提到的VDAB的培训项目、弗拉芒大区企业家培训，以及弗拉芒大区区域技术中心（RTC）和其他社会合作伙伴开展的劳动者教育项目。其中，值得注意的是区域技术中心。RTC并不直接承担劳动者的教育项目，它作为教育机构之间的协调机构，促进企业、中等教育机构和成人教育机构之间的联系，共享设备、基础设施、培训教师等。RTC在地区层面开展协调工作，直接对弗拉芒大区政府负责，每五年制订一次战略计划，每年制订一次行动计划。

5.1.2 绿色技能发展规划

国际劳工组织早在2011年就指出"技能的缺乏将成为向绿色经济转型和创造绿色就业机会的主要障碍"。根据OECD 2017年的表述，绿色经济将促使各国对许多工作岗位和技能需求进行重新定义。某一经济体在向资源高效利用的绿色经济转型过程中只能通过培养劳动者掌握正确的技能、知识和能力来实现。OECD将这些技能定义为"生活所需的知识、能力、价值观和态度"，并认为"由于工业将逐步适应更好地利用、处理资源的需要，因此支持创新和提升技能水平及其适应性同样重要"。比利时作为欧盟成员国之一，其主要政策基本均在欧盟的政策框架内。可以说，欧盟的绿色经济转型过程也是比利时在经济转型过程中的必经阶段，这一时期的绿色就业问题也是比利时所要面对的。

首先，对绿色技能的解释，根据2014年OECD的定义，可以分为四个方面：一是从事特定研究或工程需要的技术技能；二是提高能源效率，减少废物、污染需要的技术知识；三是创新与管理技能，包括特殊的沟通、组织技巧；四是旨在支持不同行业工人实现技能转型的"横向通用技能"。

国际劳工组织认为，要提高向绿色经济过渡的绿色技能，政府需要在政策上给予一定的支持。OECD将所需的政策支持分为五个方面：一是可优化的公共协调政策；二是支持并鼓励劳动者培养"可移植"技能，强调终身学习；三是市场的发展应当与监管活动相匹配；四是提高政策执行的透明度，为中小企业增强政策适应能力创造机会与空间；五是加大对技术研发投资的支持力度。

其次，关于绿色就业方面，欧盟在绿色就业和绿色技能领域的行动越来越积极，将绿色就业和整体75%的就业目标挂钩。欧盟在其"新技能与就业议程"中指出，劳动者的技能在向绿色经济转型中发挥着关键作用，提出"让更多的人通过绿色就业进入劳动力市场"，"发展废弃物处理和水利产业来创造新的就业机会"，"解决阻碍创新的技能差距"。2014年欧盟通过了一项关于绿色就业的倡议，估计水利产业每增长1%，可以带动1万~2万个就业岗位。

根据同时期国际劳工组织的研究，绿色经济在长期内创造新的就业机会的潜力可以通过产业供应链直接或间接实现，这一过程面临的挑战是如何将政策的环保意识、生产效率的提高和劳动者体面劳动结合起来。

最后，关于绿色技能对劳动者素质提升的要求，OECD在2014年的研究指出，绿色技能要求培训和教育机构通过一体化形式与当地的参与者合作，即现有工作岗位会因绿色经济而改变，这就需要对当前的培训、教育和资格制度进行调整，私营部门参与即公私合作将更加普遍，行业平台可以帮助企业和各部门之间开展合作，大学和职业培训机构可以联合开发共享知识平台，以促进地方层面的创新，并有利于企业减少培训成本。同时，对于工人来讲，从传统的"棕色"产业过渡到绿色经济，技能的转变与发展对其至关重要，虽然技术替代与岗位变动不会立刻实现，过程较慢，但趋势不可逆转；而且，由于技术转型的障碍，新出现的岗位并不一定会向因产业技术被淘汰而产生的失业者倾斜。

多数OECD的专家认为这种岗位淘汰与创造新岗位的影响将主要集中在两种产业：淘汰将主要集中于碳密集型产业，例如农业、石油和化工，这些行业可能将经历重大变化；创造主要集中于可再生能源领域，但要进行准确的预测仍十分困难。比利时弗拉芒大区的绿色经济转型可能会产生27 000个新的就业机会，这是2014年至今唯一的、较为科学的预测数据。欧盟的数据则更为宏观，OECD的分析指出，如果欧盟成功实现可再生能源使用量占能源消耗总量的20%，则欧盟可以新增约2 000万个就业岗位。

5.2　社会合作机制中的各方角色

从现有资料看，比利时在提升劳动者素质过程中的社会合作伙伴主要有三类：一是政企合作市场主体，以各类培训机构、教育机构和企业为主，政府负责政策指导与支持，机构和企业负责具体项目的落实；二是地区政府，主要涉及政策框架的制定和对各类市场主体的支持；三是地区组织或社区组织，主要充当社会对话机制中的纽带与协调者角色。

5.2.1　市场主体

在比利时的社会合作伙伴构成中，政企合作市场主体占了很大比例，也是与地区政府联系最为密切的合作伙伴，是直接接触劳动者和政府的角色。在比利时政府门户网站和不同社区（语区）政府就业办公室网站中，涉及劳动者技能培训、继续教育等素质提升的政策与工作的内容都是直接链接到相应市场主体的网站，培训、教育、求职等活动均通过这些主体来完成。比较典型的政企合作市场主体有培训机构VDAB、个体经营与中小

企业培训中心 Syntra、兼职职业教育中心（CDO）、兼职培训中心
（CDV）等。

政企合作的市场主体在政策执行方面发挥了重要的作用。一是在内容
上承担了绝大多数的培训、教育工作，特别是在荷兰语社区的替代性中等
教育工作中，Syntra、CDO 和 CDV 分别承担了教育与实习相结合的学徒教
育、兼职职业中等教育和兼职培训的所有工作。二是在形式上丰富了比利
时提升劳动者素质的路径选择，不再局限于生硬、单一的政策指令或部门
规划落实，在通过政府外设机构落实直接的政策指令的同时，市场主体的
参与使政策的执行更具灵活性，也为劳动者提供了更多的教育、培训选
择。三是在经济上获得了更高的效益，政企合作市场主体参与的项目虽然
有来自政府的方向性指导，但是市场主体出于企业性质和对经济性的考虑
必然会力求降低项目成本。当然，经济效益的提高还与政府对项目质量的
考察同步进行，瓦隆大区的培训检查制度就在鼓励中小企业员工参加培训
的同时严格要求培训的内容与结果，最终符合条件的才给予费用补贴。

5.2.2　地区政府

首先，地区（社区、语区）政府部门主要承担了区域内教育（从初等
教育到中等成人教育全流程）、培训方面的服务与指导工作，并与市场主
体合作开展相应工作。荷兰语社区政府明确了自己在初等教育、中等教
育、成人基础教育以及中等成人教育中的职责，特别是在中等教育中，制
定了明确的学位、教育形式（一般、专业、技术等）目标。法语社区政府
对初级教育的学习内容与学习方式做出了明确的规定，并在农业、纺织
业、服务业、应用科学等职业培训方面制定了从课程选择、计划实施到法
律基础的一系列规定，便于劳动者选择相应的教育、培训课程，规范社会
合作伙伴的教育、培训行为。德语社区政府对初等教育、中等教育、农业
培训、第二类教育等不同阶段、类型的教育与培训活动有详细规定。

其次，比利时联邦政府自2000年开始实施的"哥白尼计划"①将各个联邦部门的工作内容转变成更具服务性质的各类型"联邦政府服务"，其职责不变，但更强调自身的服务角色。联邦政府的服务由公共服务（FPS）和计划性政府服务（POD）两个重要部分构成。FPS主要涉及社会发展的各个基本面，如金融、交通运输、劳动就业、社会保障、食品安全等诸多方面的政策与指导。POD作为补充性服务内容，涉及横跨各种联邦政府服务的重要社会主题，例如平等机会政策或可持续发展。其中，负责劳动者素质提升的FPS模块主要是就业、劳工社会咨询FPS。就业、劳工社会咨询FPS关于提升劳动者素质的规定主要集中于替代学习（中等技能培训）、职业健康监测、员工福利，以及高级预防和保护委员会对心理健康、职业卫生方面的规定。

从不同层级政府关于劳动者素质提升的不同政策可以看出，联邦政府更倾向为地区（社区、语区）政府和市场主体提供基础的政策指导与服务，这与绝大多数的中央或联邦政府的作用一致。地区（社区、语区）政府在部分指导市场主体的同时还会部分参与市场主体的教育、培训活动。这可以在一定程度上理解为地区政府在与市场主体构成社会合作伙伴的同时，还与市场主体一起与联邦政府建立伙伴关系。

5.2.3　地区组织

这里的地区组织分为两类：一是承担相应教育、培训工作的组织，有心理医学社会中心（CPMS）、学校健康促进服务机构（PES）以及德语社区的中小企业教育和培训学会（IAWM）等；二是作为社会对话机制组成部分的组织。前者的角色与作用同政企合作市场主体类似，后者则需要进一步讨论。

---

① 2000年4月，比利时联邦政府从国家层面启动了一项影响深远的改革——哥白尼计划。该改革设定的一个主要目标就是提高高级公务员的服务与问责水平。

对于作为社会对话机制组成部分的社会组织而言，依托强有力的社会影响力与在本地区完善的组织网络实现对工会与雇主组织之间的有效协调是其最主要的任务。协调的内容涉及工作、教育、培训、社会保护、多样性和创新等问题。地区政府必须承认经由社会组织协调达成的结果或协议，这是与中国社会中政府主导的对话机制最显著的差异。弗拉芒大区的社会经济委员会和经济社会咨询委员会是比利时各个地区中对话、协调作用最明显的两个组织，在基层层面还有与当地劳动力市场充分契合的SERR和RESOC两个组织。

5.3　劳动者素质提升的主要政策

5.3.1　法律保障

从现有资料看，比利时现阶段并没有专门针对劳动者素质提升的法案通过，但从比利时参议院通过的关于教育、培训、劳动保护、职业发展等的法案来看，其均涉及劳动者素质提升的部分内容，涉及劳动者从接受教育到进入劳动力市场再到接受职业教育、培训的各个环节。

第一，从劳动者进入劳动力市场前的教育考虑，比利时参议院在2015年对1983年通过的《义务教育法案》进行了适当的调整，将比利时的义务教育起始年龄降低至5岁。修法的原因在于学生在接受义务教育时期奠定的基础对其之后的学习、社会和职业生活以及身心健康都有相当大的影响。教育和培训委员会（CEFO）表示，"幼儿教育的真实参与是影响小学教育成功的一个因素"。同时，该法案还指出在家里不讲学校语言的孩子在接受初等教育时有相当大的劣势。优质的学前教育有利于孩子对教学语言的学习和掌握；掌握这种语言对孩子未来的学校学习和社会化道路将起决定性作用。值得注意的是，比利时北部弗拉芒大区的居民主要说荷兰语，南部瓦隆大区的居民主要讲法语，在2010年比利时政府长达12个月的停摆之前，南北部地区的语言隔阂就是一个不小的挑战，时至今日仍然是影响劳动力流动的重要因素。

第二，针对劳动者进入劳动力市场的初期阶段，比利时在2015年对1987年通过的《就业合同法》进行了部分调整，重新将试用期引入劳动法，并且不分工人和雇员，也不增加行政上的负担。引入试用期有助于使劳资双方更好地签订就业合同。雇主可以在试用期内考核新员工是否符合预期，员工也可以在试用期内检验工作是否合适。在修改法案出台之前，比利时工人和雇员的试用期不同：就白领雇员而言，试用期最长可达6~12个月，最短1个月；对于蓝领工人来说，试用期最少7天，最长14天。蓝领工人和白领雇员之间试用期的不平等并不是客观原因导致的，因此是违宪的。在体力劳动者统一地位的背景下，必然要引入一项新的立法。同时，比利时周边国家如德国、荷兰、法国和英国的劳动法仍然保留着宽松的试用期规定，虽然详细的规则和期限因国家而异，但保留试用期的动机在各国都是一样的：在适当的工作环境中，使雇主和雇员获得必要的时间以签订就业合同，这是非常重要的。

第三，在对进入劳动力市场的劳动者开展劳动保护与教育、培训方面，比利时参议院先是在2014年对1971年通过的《工业事故法》及《有关预防职业病和赔偿损失法案》进行了调整，认为由工业事故或职业病产生的赔偿，其性质应当属于福利或津贴，是报销性质的收入，对养老金不应当形成替代效应。因此，针对上述观点，该法案的回应是个体（遭受损害后）的工资收入、社会福利、损害赔偿是可以累计的，并认为补偿劳动者的永久性损害是劳动者所固有的不可侵犯的权利。同时，该法案还认识到全面累计显然会导致企业管理成本的提升，因此有必要尝试通过社会保障替代私营资本进行相应的补偿。在2016年，比利时参议院又通过了《职业储蓄法案》，为劳动者提供了一个机会：通过与他们的雇主协商，塑造自己事业的强度。在劳动者短期就业时，该法案认为雇佣双方可以就不建立职业储蓄达成一致，在劳动过程中可以不出现相应的工资因素。进一步，该法案还指出政府承担职业福利是有限度的，受制于政府预算和财务制度。同时，全球化过程中的金融风险也是促使雇主和雇员共同面对永久性威胁的重要因素。也就是说，政府财政负担的加重和外部金融风险的威胁是建立职业储蓄的重要推动力量，这在比利时政府与社会合作伙伴之间已经达成共识。

第四，对于劳动者教育、培训质量的考察，比利时主要是通过制度形式进行明确。瓦隆大区就通过培训检查制度来督促中小企业和自营职业者接受培训，使他们实现更具竞争力的目标。瓦隆大区政府为员工数量在250人以下的企业或自营职业者提供50%的培训费用，但享受这一补贴有一定的限制：培训必须直接关系到员工（自营职业者）的工作，或者至少有助于发展自营职业者的专业活动，或者发展企业内部员工的技术和专业技能。同时，瓦隆大区政府还提供与布鲁塞尔地区类似的带薪教育假福利，其不同之处在于劳动者可以申请由雇主承担培训费用，且培训期间雇主应当支付等同于工作时间的工资。

第五，对于促进劳动者就业，比利时参议院在2017年修改了《促进就业和预防性保障竞争力法案》，主要目标是：增加国内的就业机会，让所有居民有适应经济发展需求的技能，有机会实现自我发展并获得可观的收入；长期保证社会保障的负担能力；发展市场主体，从而支持所有公民的发展。同时，该法案认为社会合作伙伴具有决定雇主社会缴款水平的权力以及对此采取减税措施的权力。因此，消除工资成本差距需要所有相关方的努力。近年来比利时政府还就创造就业、提升劳动者购买力、集体解雇规制、促进灵活就业等方面修改了相应法案，以提升劳动者的择业能力与就业质量。

5.3.2 教育培训

与比利时联邦政府层面的组织机构改革类似，在各地区的劳动者素质提升工作中，地区政府在提供基本政策支持与服务的同时，还会与市场主体合作开展具有针对性的教育、培训项目。比较突出的项目主要有 Vesoc、STEM、替代性中等教育、弗拉芒职业生涯协议以及 Activa。

（1）Vesoc 项目

弗拉芒大区的劳动保护政策可以追溯至 20 世纪 90 年代末期。1998年，弗拉芒大区政府和社会组织一致认为应当消除劳动力市场中的歧视行为，并为移民的流动与就业提供支持。这一意见最后落地为旨在促进移民就业的"Vesoc 行动计划"，包括"积极的移民行动计划"和"提高劳动参与比例（EAD）计划"两部分。

2001年，弗拉芒大区将老年人和有工作的残疾人纳入这一计划，并重新制订了相应的行动方案，目的在于改善这两个群体在劳动力市场中的地位。2002年，这一计划将少数族裔（少数民族）纳入到社会弱势群体范围内，采取更加包容的方式帮助这三类群体（少数族裔、老年人、有工作的残疾人）就业。同时，2002年的修改方案更加注重工作场所内部的男女平等，并以法令形式在 2002 年 5 月 8 日确立下来，从而使"Vesoc 行动计划"成为一项多元化计划。

目前该计划中已在各级实施的综合政策有：一是在宏观层面，政府给予政策扶持，与私营部门共同成立发展项目，在中观层面，（政府、私营）部门内部开展多样性合作。二是在微观层面，企业、社会组织和地方政府开展实践操作。2003年，SERV 委员会成立，旨在保障弱势群体（少数族裔和残疾人）代表的结构性参与，进一步支持弱势群体在劳动力市场中获得平等地位。三是逐步将多元化政策纳入主流，为实现就业与培训之间的多渠道互动提供政策支持，包括支持并帮助实现终身学习，提高职业服务和其他相关工作的质量等。四是在朝着更具包容性的政策发展的过程中，对各种弱势群体给予必要、具体、明确的关注，主要包括：改善弱势群体的就业机会；打击（间接）歧视行为；减少（就业）限制。

总体上看，这些政策的重点是劳动力市场的供需平衡，主要途径是企业和机构（支持针对弱势群体的人力资源管理政策），主要对象是弱势群体本身（授权和支持个人发展，教育和终身学习）。

2006年，为应对人口老龄化和生育率降低的问题，弗拉芒大区成立了"弗拉芒劳动力市场年龄和工作中心"，将EAD计划运作主体扩大到13家企业、机构，力求改变弗拉芒劳动力市场老年人的思维方式，并广泛引入关于年龄问题的人事政策。其工作侧重于参与职业管理的行为者和中介，以及老龄员工和求职者，原来对某些弱势群体进行分类的多样性政策也演变为综合的包容性政策。"Vesoc行动计划"的目标也逐渐覆盖了那些距离劳动力市场更远的人，通过消除门槛、偏见提高其相对于劳动力市场的可见性和可雇佣性。

（2）STEM项目

与"Vesoc行动计划"类似，弗拉芒大区政府在（劳动者）教育方面实施了政府职能部门与市场主体合作的项目——STEM（代表"科学、技术、工程和数学"），涵盖了一系列培养科学、技术、工程和数学素养的课程及职业。为了鼓励年轻人选择STEM课程和职业，弗拉芒大区政府制订了STEM行动计划。该行动计划于2012年生效，到2020年必须实现下面8个目标：

①使STEM教育更具吸引力；

②支持教师和培训部门的发展；

③改进学习和职业选择的过程；

④更多女性参加STEM课程和职业选择；

⑤追求卓越；

⑥调整培训报价；

⑦促进行业、企业和知识型机构发展；

⑧提高对技术专业的社会评价。

对于STEM项目，弗拉芒大区政府给予了很高的期望，据弗拉芒大区劳动、经济和创新大臣Philippe Muyters称，他们对STEM项目的未来需求很有信心："今天，我们的劳动力市场对完成 STEM 项目的人的需求还比较少。鉴于我国经济发展中技术的急剧进步，未来这种需求只会增加。想象一下，我们需要每一个人才，这种需要来自我们的公司的真正需求。"①

（3）替代性中等教育项目

替代性中等教育针对的是 16～25 岁的学生（如果学生已经完成了第二年的中等教育课程，则为 15.5 岁）。教育内容是在不同的企业接受理论培训和实际职业培训。这一项目按照语种划分不同地区开展，主要有荷兰语社区、法语社区和德语社区三个区域。

荷兰语社区的项目多采取教育机构与企业合作的形式进行，主要有三种形式：一是兼职职业中等教育，由兼职职业教育中心（CDO）完成，每周授课两天，并提供实习机会；二是兼职培训，由兼职培训中心（CDV）完成，主要针对就业困难的学生，模式与 CDO 类似；三是学徒教育，由 Syntra 完成，学员每周参加 Syntra 的校园理论课程，并有四天时间在企业实习以熟悉工作场所。据 OECD 统计，弗拉芒大区虽然是比利时三个主要地区中失业率最低的地区，但是年轻人的失业率一直居高不下，因此替代性中等教育的作用十分突出。

法语社区的项目主要采取交替培训的形式进行，中等教育交替培训中心（CEFA）联合全职中等教育机构共同开展教育活动。参与主体众多，包括地方政府、教育机构、一般性教育组织、心理医学社会中心（CPMS）、学校健康促进服务机构（PES）、工会和学员的父母等。项目内容主要有普通基础教育、普通中等教育、高等教育、社会促进教育、专业教育、艺术教育以及家庭教育，部分采用电子或远程学习的方式。此外，还有针对未来职业选择的职业教育。

德语社区的项目主要由两部分组成：兼职培训中心的课程与中产阶级

---

① 内容详见：https://www.onderwijs.vlaanderen.be/nl/search/STEM。

培训中心的课程（后者需要签订合同）。在德语社区，中小企业的教育和培训活动由中小企业教育和培训学会（IAWM）组织。IAWM监督和资助Eupen和St.Vith这两家中小企业培训和继续教育中心开展工作。除了学徒培训和硕士课程外，IAWM还提供广泛的继续教育课程。

（4）弗拉芒职业生涯协议项目

弗拉芒职业生涯协议项目是在欧盟《布鲁日公报》和《欧盟2020战略》的基础上针对弗拉芒大区实行的职业发展政策。其在继承《布鲁日公报》一整套提高职业培训和教育质量目标、行动的同时，也相应地引入了《欧盟2020战略》关于增加就业、提高生产力和增强社会凝聚力的部分目标，主要有：

①"新工作、新技能"计划；

②更好地应对未来对就业技能的需求；

③更好地匹配就业技能供给和劳动力市场需求；

④弥合教育与劳动力市场之间的差距。

在职业生涯协议项目中，弗拉芒大区政府与各类市场主体于2012年2月达成协议，共同致力于职业政策的发展，促使人们主动地规划他们的职业生涯，并使他们的事业发展得更好。基于这份职业生涯协议，即使在经济困难时期，弗拉芒大区也会继续推动改革，通过完善能力和职业政策实现各种目标：更多的人在工作、使人的能力可见并发展、可行和宜居的工作环境、合适的人在合适的工作岗位上等。这些措施表明，弗拉芒大区政府和社会伙伴（市场主体）重视实施关于职业发展和就业的战略。

（5）布鲁塞尔地区的Activa项目

布鲁塞尔地区为了鼓励适龄劳动者参加培训，在Activa项目中引入带薪教育假的模式，主要面向年龄低于30岁且未接受过高中教育的劳动者。Activa项目提供的培训有两种：职业培训和一般培训。劳动者在注册培训之前，工作人员会核实其是否有享受带薪教育假的权利；劳动者在结束Activa项目有效期内的培训后，必须签订一份开放式的就业合同或拥有一份全职工作。[①]

Activa 项目的带薪教育假模式可以给予劳动者高达 5 000 欧元的激励来抵销劳动者的培训成本,但带薪教育假有相应的条件限制:要经过至少 32 小时公认的课程培训(只有参加获得认可的课程才可享受带薪教育假)。

5.3.3 企业参与

在比利时,社会合作伙伴的角色深入到了各个地区(语区)的社会公共事务中,在提升劳动者素质方面,通过政企合作,市场主体成为政策落实的主要执行者。将合作伙伴引入具体的政策落实环节是比利时开展劳动者素质提升工作的重要特点。较为突出的合作伙伴是 Syntra 和 VDAB。

(1) Syntra——弗拉芒大区企业家培训机构

弗拉芒大区占比利时国土面积的 44.3%,人口约占比利时总人口的 60%。比利时大部分工业和劳动力都位于这个地区,因此它也构成了比利时国内贸易的主要部分,其生产总值占比利时国内生产总值的 60%。弗拉芒大区企业家培训机构 Syntra 是弗拉芒大区政府的一个外部自治机构(EVA)、创业中心,受公法管辖。这一机构的目标是推动可持续创业和加强创业合作,强调对年轻人(成年人)以创新、就业为导向的能力发展。Syntra 作为特权合作伙伴,是个体经营者和中小企业培训中心,拥有自己的法人身份、组织结构和运行网络。同时,Syntra 还和其他专业性、跨职业培训组织以及私营和公共培训机构进行合作,发挥互补作用。

弗拉芒大区企业家培训要实现"促进年轻人、企业家及其雇员面向劳动力市场的能力发展"的目标,其主要途径:一是基于部门的培训计划,确保以目标为导向,形成具有体验性、互补性、创新性的最新和灵活的培

---

① Activa 项目内容详见:http://werk-economie-emploi.brussels/nl_BE/。

训方案；二是通过法律或合同规定的补贴、补偿以及其他途径来满足学徒和创业者的分配需求。其中，创业教育管理的主要流程是：首先由政府委托相关机构执行创业教育任务；之后在基本创业教育服务的背景下由政府设计和组织有关劳动力市场参与者的活动，并发挥指导和协调作用；机构负责执行教育方案，帮助建立透明、永久的监测系统。

（2）VDAB——政府合作的商业培训机构

VDAB的培训范围包括雇主、雇员以及求职者。[①]同时，VDAB还帮助政府推动就业安置、指导培训工作，建立可持续的就业市场。全面性是VDAB开展的各个项目的最显著特征，它提供预防性、治疗性服务，使用的指导模型由不同阶段构成，并包含为劳动者量身定做的模块。VDAB还在促进长期失业者就业方面承担着市场主导者的角色，这也意味着VDAB必须与其他社会合作伙伴开展合作。

政府还在VDAB引入了强制入学模式，以此判断求职者是否可以进入劳动力市场，为实现劳动力市场的可持续就业创造条件。但这项强制性质的任务与VDAB的调解、辅导和培训业务是分开的，它由独立的服务机构执行。VDAB在培训中，对于试图离开劳动力市场的人，注重灌输职业理念，以此促使劳动者长时间保持工作的热情；同时，与其他相关组织和企业合作，为劳动者和雇主提供更多的发展机会。

近年来，VDAB进行了部分调整，以提升地方层级的就业政策的灵活性。VDAB现有的组织架构为：顶层设立一个中央指导机构和若干中央辅助服务机构；中间部分设立省级机构；地方层级设有13个具备一定自主权的区域劳动力市场办公室；基层部门是受上级指导的地方办事处，也有一定的自主权和灵活使用预算的权力。

从比利时现有政策、项目的内容看，在提升劳动者素质的过程中，主

---

① VDAB的具体内容详见：https://www.vdab.be/。

要的目标群体是逐步扩展的，涉及的目标人群较为完整，政策、项目所覆盖对象之间的互补性也较强；从就业状态看，主要涉及一般企业雇员、失业者和自营职业者；从性别方面看，也着重照顾了女性劳动者的利益；从年龄结构看，基本上实现了对16至65岁的劳动者的全覆盖；从劳动能力方面看，也对残疾人群体和社会弱势群体加以照顾。

第6章

波兰：地区均衡发展、教育改革与劳动力市场服务

在波兰2020年的负责任发展战略（SOR）中，发挥知识技能和高质量企业（组织）的作用、实现国内各区域均衡发展以及建立有效的国家经济增长机制是三个主要目标，涉及再工业化、中小企业发展、数字化服务以及劳动力市场人力资本潜力等诸多方面。波兰采取国家级重点项目的形式将上述内容付诸实践，并在这一过程中将教育改革、劳动者素质提升、完善劳动力市场服务作为配套措施，为各个具体项目提供人才支持。本章在描述波兰SOR主要内容的基础上，明确其战略规划对劳动者素质提升的要求，探讨中波两国现阶段在高素质发展方面的契合点，在描述波兰提升劳动者素质主要政策内容的同时寻找对我国的政策启示。

2017年2月14日，波兰部长级会议通过了其中期发展战略SOR2020，该战略为应对波兰经济面临的挑战制定了新的国家发展愿景和模式，并将战略发展前景延伸到了2030年。SOR致力于改变经济结构，使其更具创新性，以有效利用物质资本和人力资本。值得强调的是，该战略希望增加国家机构对经济、社会和区域发展的责任。

6.1 负责任发展战略框架

该战略在2020年要实现的目标包括：全国经济投资增长超过25%；国内大中型企业数量增加到22 000家以上；科技研发支出提升到GDP的2%；工业产值增速高于GDP增速；人均GDP达到欧盟平均水平的79%，力争到2030年接近欧盟平均水平。

6.1.1　战略目标

首先，波兰投资和发展部认为经济的持续增长日益依赖知识、数字化和高质量的企业（组织），因此波兰有必要开展旨在提升波兰产业全球竞争力的再工业化措施，在实现大中型企业数量目标的同时，鼓励中小企业发展，支持企业创新，努力提升资本长期投资率和投资质量。[①]

其次，为实现国内区域经济的均衡发展，增强社会凝聚力，波兰政府在着力减贫的同时，强调培养劳动力市场中的人力资本潜力，并以地区发展为导向制定相应的社会政策，在有效性和政策质量方面为区域竞争力的提升奠定制度基础。

最后，为建立有效的国家经济增长机制，提升社会经济的包容性，波兰政府明确要简化为公民经济活动服务的法律，为商业运作提供更好的外部环境并满足公民发展的需要，借助数字化服务规划出涉及社会、经济和国内各区域的综合发展系统。

6.1.2　战略基础

该战略有五大支柱和一个发展基金，即再工业化、企业创新、资本发

[①]　波兰SOR三项重点计划内容详见波兰投资和发展部（www.mr.gov.pl）相关报告。

展、对外经济交流、社会和区域发展，以及波兰发展基金（PFR）。在五大支柱中，涉及劳动者素质提升的内容主要是再工业化（支持波兰经济在发展中形成新的竞争优势和专业化水平）、社会和区域发展（包括职业教育改革）两部分。波兰发展基金是实施该战略的关键工具，该基金整合了现有相关机构及其工具，并形成新的资金工具，为技术、教育的发展奠定相应的经济基础。该战略将使用项目方法实施。SOR2020介绍了各种各样的举措，其中包括用于实现战略目标的180多个战略和旗舰项目。它还建立了一个协调和实施体系，为各个公共实体分配角色，并与商业、科学和社会机构进行合作。

此外，从波兰投资和发展部公示的内容看，波兰政府正在逐步提升其政府部门的服务能力，克服所谓"波兰部门"的不利影响，实现公共机构的良好运作和全面协调，为公民、企业提升其发展、创新能力创造机会和条件。这一过程类似于比利时政府的"哥白尼计划"，但是波兰各个中央部门的组织形式与架构并没有发生太大变化。

6.1.3 战略优势

波兰是半总统半议会制国家，总统与政府分享行政权力，其行政层级自上而下分别是议会，由总理负责的内阁及中央部门，省、市及以下行政部门。其中，国会议员由省向上选举产生（保留两个少数民族政党席位）。波兰虽然于1999年3月12日加入北约，2004年5月1日加入欧盟，2007年12月加入申根协定，但脱胎于苏联中央集权模式的中央向下严格的层级划分保留了下来，这有利于保证政策制定与落实的可靠性，也有赖于各层级成员在组织内职权边界的明确划分。同时，基于层级节制原则实现的组织活动的非人格化特征与技术官僚的理性、专业技能相结合，有利于波兰政府对实现SOR过程中的大概率问题进行有效预测，从而使SOR实践能够建立在理性的基础上。此外，波兰政府的任何行政法令、决定、条例都有书面形式的规定和记录，且具有很强的可操作性。这些都与我国现阶段各级政府的组织结构形式和政策实施过程高度相似。

近年来，波兰政府一直在进行"部门"身份的转变，更加偏向于对公民、企业以及其他经济活动主体提供服务，这与我国党的十九大报告提出的"建设人民满意的服务型政府"的目标类似。

6.1.4　阻碍因素

在波兰SOR2020中，在可能遇到的障碍方面，波兰投资和发展部明确了中等收入陷阱和地区发展失衡这两个突出的障碍。虽然波兰早已越过了人均GDP1.2万美元的门槛，但是近年来波兰部分地区的经济呈现出了中等收入陷阱的部分特征，关于原有发展方式的矛盾凸显且原有发展优势逐渐消失的问题集中表现在钢铁、汽车制造、能源等传统支柱型产业上。中等收入陷阱中的"社会危机陷阱"和"技术陷阱"也可以理解为是波兰地区发展失衡的诱因之一，这也是波兰SOR2020提出要实施中等城市发展规划（中等城市套餐）和伙伴关系城市倡议（计划）的主要原因。

考虑到中波两国在政策实施条件、背景、部分内容和面临的挑战方面有着诸多相似之处，波兰在实现劳动者素质提升过程中制定的一些政策方向或方式方法对我们有一定的借鉴意义，这一部分会在第8章中有所体现。

6.2　劳动者素质提升的主要内容

从总体上看，波兰投资和发展部将人力和社会资本、数字化发展程度与质量、交通运输条件、能源（资源）、环境以及国家安全考虑视为影响SOR实施的主要影响因素。其中，涉及劳动者素质提升有关内容的，主要是人力和社会资本、数字化两个领域。

具体来说，在人力和社会资本领域，波兰面临着双重压力，既要从国家层面提高劳动力市场中人力资本的质量，又要保证社会资本（包括民间社会组织资本）在波兰社会经济发展中的份额；在数字化领域，波兰要推动国家的数字化发展进程，面临着知识储备和人才储备两方面的问题，其中作为知识载体的人才储备是关键。

波兰现阶段 SOR 的国家级重点项目主要有中等城市发展规划（中等城市套餐）、西里西亚计划和伙伴关系城市倡议（计划）（见表 6-1），这三个重点项目中都有对 SOR 关于劳动者素质提升需求的回应。

表 6-1　　　　　　　　波兰提升劳动者素质的主要内容

中等城市发展规划 （中等城市套餐）	西里西亚计划	伙伴关系城市倡议 （计划）
➤智能发展计划：众多的支持创业、创新发展的培训与会议安排 ➤知识教育发展计划：针对不同类型雇员及失业人员的教育辅助措施 ➤基础设施和环境计划：提高国内劳动力市场的流动性 ➤东波兰计划：区域内的振兴发展计划，有利于劳动力流动	➤有一个完整的综合发展政策协议，主要包括城市化发展与工业振兴两个方面 ➤针对传统行业转型升级及创新发展的鼓励与促进措施 ➤增强劳动力对劳动力市场需求的适应性	➤加强和鼓励伙伴合作和知识交流 ➤提高人力资源的技能水平 ➤自下而上地实现知识的资本化和系统解决方案 ➤社会角色参与城市管理 ➤实施国家和欧洲的城市发展政策

6.2.1　中等城市发展规划

中等城市发展规划（中等城市套餐）作为国家级行动计划之一，由波兰投资和发展部部长直接管理，包括智能发展计划、知识教育发展计划（2014—2020）、基础设施和环境计划以及东波兰计划四部分。其中最主要的是智能发展计划，其项目费用高达 9 亿波兰兹罗提（约合人民币 16.31 亿元），占总体项目经费的 36%。四项计划中有关劳动者素质提升的内容主要有：

在智能发展计划中，波兰投资和发展部自2015年起（截止到2018年5月11日）借助欧洲社会基金（ESF）在国内不同地区先后开展了268项支持公民、企业发展（主要是针对创业、创新）的培训活动与会议，并提供免费培训内容；同时支持中小企业发展，帮助雇主培训员工并提升其投资质量。

知识教育发展计划主要是针对公共行政人员、地方政府单位（包括社会救助组织）及其员工、社会援助和融合机构及其雇员、学校和教育系统机构的毕业生、教育系统的雇员、医务人员、小微企业雇主及其雇员、30岁以下未接受过教育或培训的无业青年以及有工作意愿的老年人等。其内容不仅包括支持失业者的青年就业倡议（Youth Employment Initiative，YEI）所包含的培训、实习、就业补贴以及创业帮扶等，还涉及通过提升公共政策效率来实现劳动力市场制度现代化，发展高等教育满足经济增长和劳动力市场需求，鼓励青年劳动者跨国流动，通过培训医务人员支持劳动者健康发展等方面。该计划由国民教育部负责，资金来源于欧洲社会基金（ESF）、国家预算以及青年就业倡议计划的预算。虽然该计划在中等城市发展规划（中等城市套餐）中获得的预算不多，为970万波兰兹罗提（约合人民币1 758万元），但由于培训、教育工作在提升劳动者素质与就业方面的重要作用，其在SOR2020中的总预算额度达到了54亿欧元（约合人民币413.33亿元），其中有超过20亿欧元的资金用于年轻人的素质提升与就业。

基础设施和环境计划以及东波兰计划并没有直接涉及提升劳动者素质的教育、培训方面的内容，但是为提升劳动力的流动性（特别是跨国流动）和获得更多的工作机会创造了条件。

6.2.2 西里西亚计划

西里西亚计划于2017年2月14日在波兰部长级会议上通过，作为SOR的一部分，是从国家层面影响地区经济发展的关键内容之一。西里西亚地区作为波兰经济发展基础最好的地区，在近年来面临着经济下行的压力。在该计划中，有一个完整的综合发展政策协议，主要包括城市化发展与工业振兴两个方面。作为一项中长期计划，该计划旨在较长周期内实现传统行业（钢铁、汽车制造、电力）的转型升级，逐步削减传统行业在经济发展中的比重，通过技术创新与应用培育新的经济增长点（医药产业、智能设备制造）。

西里西亚计划中涉及劳动者素质提升的内容主要是通过专业化项目来提升当地居民的素质，由卡托维兹市劳工局与波兰投资和发展部欧洲社会基金司牵头，预算经费为911万波兰兹罗提（约合人民币1 651万元）。在该计划的描述中，增强劳动者对劳动力市场需求的适应性尤为重要，特别是在个人职业咨询、职业规划和工作搜寻方面给予29岁以下的年轻人以帮助。西里西亚大学将对该计划在满足社会经济发展的高素质劳动力需求方面予以支持。

6.2.3 伙伴关系城市倡议

伙伴关系城市倡议（PIM）是促进城市和参与城市政策制定与实施的其他实体之间交流和知识传播的计划，是SOR实现区域平衡发展的重要项目，城市发展问题占有非常重要的地位。

该倡议的主要目标是改善发展条件，支持波兰城市的综合、可持续发展。具体目标：一是加强和鼓励伙伴城市间的合作和知识交流；二是提高人力资源的技能；三是自下而上地实现知识的资本化和系统解决方案；四是社会参与城市管理；五是实施国家和欧洲的城市发展政策。其中，提高人力资源的技能对于劳动者素质的提升有很大影响。对于劳动者的流动性，PIM还强调要通过完善地区间的信息通路、交通管网的形式为其提供便利。

6.3 教育改革

　　波兰政府自2016年开始实施教育改革，到2019年宣布基本完成，改革最大的亮点在于制订了新的学校网络计划，将原有义务教育学制拆分到小学和中学两个阶段，实行八年制小学教育和四年制中学教育（或四年制中等职业教育或三年制基础职业教育），之后是五年制技术学院或一级学位院校教育。[①]同时，相应的职业教育与培训则在原有学制基础上与新的教育学制衔接。此外，在学校转型过程中，根据波兰现行的《教育制度法》，地方政府或教育主管部门可以通过签订合同将公立学校转让给自然人或法人实体运营，不再由地方政府运营，但转制学校仍是公立学校，对学生免费，强调教育的普及性。学校负责人负责监督教学质量，而学校财产的所有者仍是当地政府部门。根据改革政策转制的学校，即小学（六年制变为八年制）、普通中学（三年制变为四年制）、技术学院（四年制变为五年制）和高等职业教育学校（变为工业第一学位）均可以进行相关管理权限的转移。

6.3.1 学校网络计划

　　波兰的教育改革不仅是学校制度的变革，也是在与劳动力市场密切相关的职业教育发展以及学校和教育机构组织和职能的变化等方面进行的大胆尝试。波兰教育部认为教育是支持儿童朝着身体、情感、智力、精神和社会成熟的方向全面发展，应该通过预防、解决儿童和青年问题的措施来

---

　　① 波兰的改革措施已经在2019—2020学年进行了实验，第一批八年制小学生已经毕业。根据波兰教育部公布的信息，波兰的学校网络计划负责协调并帮助相关学校完成转型，并就小学、中学以及其他院校的转型问题给予解释。内容详见：https://reformaedukacji.men.gov.pl/aktualnosci/ustalanie-planu-sieci-szkol-od-1-wrzesnia-2019-r.html。

促进这种发展。

2017年9月1日起，七年级学生（原六年制小学六年级的毕业生）在八年制小学继续学习，于2019年成为该学校的第一批八年级毕业生。教学内容也发生了很大变化，小学七年级起开始进行双语教学，并设立入门班，小学双语班级的学生将优先被中学双语班级录取，语言测试结果已纳入小学毕业要求，且一直延续到中等职业学校教育阶段。在最后的毕业考试中，2018—2021年的考试科目包含波兰语、现代外语和数学；自2021—2022学年开始，除原有科目外，学生可以在生物、化学、物理、地理、历史中任选一门作为补充。虽然小学毕业考试的结果不作为学生能否毕业的要求，但属于新的四年制中学教育入学的标准之一。

在教育改革过程中，波兰的学校网络计划将教学改革重点放在了教师资质、通识教育的核心课程、框架教学计划和学生评价规则四个方面，并采取教学试点的形式，由学校自愿选择是否进行教学实验。根据《教育制度法》的规定，学校或教育机构的负责人计划在本学校进行教学实验的，应根据教学委员会的决议并在征得家长委员会的同意后，向国家教育部门提出申请；如果是艺术学校，则向文化和国家遗产部门提出申请。

6.3.2　高质量教育体系与高等教育能力

波兰在知识教育发展计划（2014—2020）框架内的教育活动主要有高质量教育体系建设和高等教育能力培养两个方面。在高质量教育体系建设方面，波兰投资和发展部以及教育部制定的2019年的目标是：培训和咨询机构要为教育机构更好地培养学生的关键能力创造条件；教育体系（包括高级研究机构）的管理要适应劳动力市场的需求变化（信息和通信技术，数学和自然科学，外语）；此外，还包括培养学生正确的认知态度（创造力、创新、团队精神）以及选择适合学生的个性化培养方法。在高等教育能力培养方面，两个部门的计划是在2019年实现以下目标：在准确预测劳动力市场和社会经济发展需求的基础上，设计新的课程，实施有针对性的教育实践，并将雇主引入教育环节，邀请其参与制订、执行教育计划与学生的实习计划。

此外，在支持区域间劳动力发展与平衡方面，波兰投资和发展部与各个省级行政部门合作，主要针对 15～29 岁的青少年的职业教育，计划通过使用不同的教育、培训工具和劳动力市场服务的方式采取就业安置、职业咨询、培训、实习、补贴就业、资助创业以及跨部门和地域流动等方面的支持行动。

6.3.3 全纳教育

波兰的全纳教育（包容性教育）系统为满足包括残疾儿童和青少年在内的所有儿童与青少年的多样化教育需求提供了多种可能性，其个性化的教育组织形式有利于支持有特殊教育需要的学生的学习过程。波兰全纳教育系统中最重要的内容是幼儿发展支持（WWR）。2018 年波兰政府划拨了 2.63 亿波兰兹罗提（约合 4.7 亿元人民币）用于 5.75 万名残疾儿童的教育，并在 2018—2021 年着力将受益群体扩展到有残疾风险的儿童。同时，波兰政府对儿童护理的开支更为庞大，效果也十分明显：2016—2019 年为"幼儿+"计划支付了 16.5 亿波兰兹罗提（约合 29.46 亿元人民币），是 2011—2015 年的 4 倍多，幼儿护理、照料机构由 2015 年的 84 000 余家上升到了 2019 年的 18.36 万家。

波兰政府针对残疾儿童的个性化教学所体现的人性化与普适性特点在东欧地区优势明显，包括多种形式的心理疏导、灵活的教育方式、弹性的学制设计以及人性化的考试方式等内容。[①]一是通过补偿性课程形式完善对残疾儿童的心理辅导与教学帮助，涉及教育途径规划、治疗课程设计、

---

① 波兰教育部 2018 年开展的 Accessibility Plus 计划开始在 200 所学校进行全纳教育实验，并成立全纳教育支持中心为残疾学生的教育需求提供保障。内容详见：https://www.gov.pl/web/edukacja/edukacja-wlaczajaca-dotychczasowe-i-planowane-dzialania-men。

提供发展建议与咨询帮助等。二是对参与课堂学习有困难的儿童，采取个别教学形式，如对残疾儿童进行家庭式一对一的个别授课，并在学校设立单独的教学班。三是通过提前开始或推迟履行义务教育（波兰的义务教育截止到18岁，覆盖高中教育），延长残疾学生的受教育阶段，保障其个人学习过程的完整性。四是根据个人发展和教育的需要与倾向，对有特殊教育需要的儿童和青少年，在幼儿园、公立学校或其他教育综合部门试行灵活的评价标准，并由法定监护人选择是否使用相应的评价标准。

6.4　就业与技能培训

波兰家庭、劳动和社会政策部于2018年制订了国家就业行动计划（KPDZ），既在劳动力市场领域落实了《欧盟2020年战略》的指导方针，也在政策层面承接了SOR对劳动力市场发展的要求，以省级自治政府为主体，实行年度性的国家计划与区域规划相结合的实践模式。同时，波兰正在实行的人力资本发展战略（SRKL），是实施中长期国家发展战略的九个部门战略之一，也是劳动力市场领域的关键战略之一。[①]该战略的主要目标是通过挖掘劳动者的潜力来发展人力资本，使人们可以在生活的各个阶段充分参与社会、政治和经济生活。该战略包含五个具体目标：增加就业；扩大专业活动，确保老年人的工作质量；改善面临被社会排斥的人和群体的处境；改善公民健康并提高医疗保健效率；提高公民的能力和资格水平。

[①]　波兰家庭、劳动和社会政策部在2017年SOR实施后，参与了新的SRKL多部门团队，在劳动力市场领域的人力资本发展方面给出了较为具体的政策建议。内容详见：https://www.gov.pl/web/rodzina/strategia-rozwoju-kapitalu-ludzkiego-srkl。

6.4.1 技能培训的经济基础

波兰在知识教育发展计划框架下组织开展技能培训的活动，也在积极构筑培训所需的物质基础。关于波兰国家培训基金（KFS）的设立，最早可以追溯到2000年7月20日的相关法律规定①。波兰家庭、劳动和社会政策部在2014年、2016年分别对基金拨款的分配制定了相应的法律条款。这些条款明确了国家培训基金为雇员和雇主提供终身学习资金的详细方法和模式，其中包括：申请KFS资助所需的信息；融资活动（拨款）合同的内容涉及雇员和雇主的继续教育。

KFS的拨款主要来源于省级财政，因此，允许省级行政长官和雇主就申请内容进行谈判，以确定继续教育的价格、继续教育覆盖的人数、服务提供者、继续教育计划或考试范围，同时要遵守确保最高服务质量和合理支出公共资金的原则。具体来说，（拨款）合同有10项限制条件规定雇员和雇主的继续教育活动：

①（拨款）合同有明确的当事人、签订日期、地点；

②（拨款）合同的期限；

③申请KFS资助的资金数额；

④雇主的银行账号；

⑤收到的资金的结算方式和日期，以及确认资金支出的文件类型；

⑥终止或退出（拨款）合同的条款；

⑦雇主在参加者未完成终身学习的情况下偿还资金的条款，同时明确条款中提到的未完成的原因；

⑧雇主报销的条件；

⑨（拨款）合同的履行程序及方式；

---

① 波兰国家培训基金资金分配政策的内容详见波兰家庭、劳动和社会政策部网站www.mpips.gov.pl。

⑩符合欧盟委员会的有关条例，该条例规定了最低限度援助的可接受条件。

此外，KFS还要求雇主提供以下方面的数据：一是由KFS参与资助的行动所涵盖的人数，具体培训对象的详细信息，包括性别、年龄段、受教育程度，从事特殊性质工作的人数、条件或情况；二是需要开设的课程、参加该课程的人数；三是最后成功完成的课程，通过该课程考试的人数。

6.4.2　技能培训的实施细则

波兰2014年颁布的《成人职业培训法案》明确规定了成人职业培训的组织细则，成人职业培训参加者费用报销办法、奖金支付办法，成人职业培训参加者照顾人员资格条件，成人职业培训完成示范证书，检查条件和程序。[①]该法案规定组织成人职业培训的主体是省政府，其承担以下方面的任务：①公布关于组织成人职业培训的信息；②根据该方案的参与情况，对在贫困劳工办公室登记的人的需求进行诊断，并进行专业的成人职业培训准备；③开展成人职业培训的规划活动；④从雇主那里获得关于成人职业教育学位的建议；⑤选择培训机构，以便为参与者提供执行专业任务所需的理论知识；⑥授予合格者成人职业培训资格证书；⑦缔结和实施成人职业培训合同；⑧监督成人职业培训过程；⑨选择、确定举办职业资格考试的机构；⑩考核成人职业培训的质量、有效性和效率。

该法案对参加成人职业培训的人也有明确的条件限制：一是要确认证明受教育程度、专业资格、当前的专业岗位、失业期限的文件；二是要遵从关于成人职业培训转介的建议，这些建议已在个别行动计划中予以说明或由职业顾问确定；三是关于转介成人职业培训申请的其他规定。同时，

---

① 成人职业培训政策的内容详见波兰家庭、劳动和社会政策部网站www.mpips.gov.pl。

省政府为保证培训的顺利实施，还应当制订年度性计划，包括培训场所的数量、参与培训的人数以及培训所需的资金，这一计划可以根据现实需求进行调整。此外，波兰家庭、劳动和社会政策部还在2014年对《培训机构登记条例》进行了相应的调整，除一般性注册流程之外，还要求各个培训机构进行公开、可查阅的电子信息注册，并通过申请表的形式进一步严格了培训机构的教育行为。[①]

6.4.3 失业、培训津贴

2014年，波兰家庭、劳动和社会政策部对失业、培训津贴政策做出了相应修改，该政策现阶段的主要内容有：①失业、培训津贴是根据失业者在"中央登记册"中的数据信息发放的；②同意或拒绝发放失业、培训津贴的权力属于省级部门；③得益于欧盟内部各个国家间的合作，波兰境内的失业人员有前往另一个欧盟成员国或在相关法案指定的国家获得失业救济金的权利，当波兰境内的失业人员在他国获得相应津贴时，波兰政府仍保留该人员在波兰境内获得津贴的权利，但其在省级部门的登记信息会被修改为"求职者"，相关信息也会由"中央登记册"转移给省级部门[②]。

此外，省级部门的职责主要包括：核查"中央登记册"中关于求职者的数据信息；核实"中央登记册"中关于失业人员的失业、培训津贴期限、金额以及任何其他影响津贴支付的情况；在接到其他欧盟成员国或相关法案指定国家的信息之后，及时将信息传递给家庭、劳动和社会政策部就业办公室备案；检查是否为失业人员提供了相应的劳动力市场服务，以及是否提供了适合他的工作提议。这一政策还规定了失业人员退出失业、培训津贴机制的具体条款。

---

① 《培训机构登记条例》的内容详见波兰家庭、劳动和社会政策部网站www.mpips.gov.pl。
② 关于授予失业、培训津贴的统一规定，内容详见波兰家庭、劳动和社会政策部网站www.mpips.gov.pl。

6.5　劳动力市场政策

波兰的劳动力市场政策以相关立法为基础，形成了涉及公共就业、市场服务、责任主体、用工形式、移民就业管理等内容详尽的政策体系。其劳动力市场政策由波兰家庭、劳动和社会政策部统筹，获得了多个战略的支持，既包括里斯本战略提供的欧盟层面的就业政策指导，也涉及《欧盟2020年战略》对智能发展（基于知识和创新的经济发展）、可持续发展（支持更有效利用资源、对环境更友好、更具竞争力的经济发展）与包容性增长（支持具有高就业水平的经济发展，确保社会和国土凝聚力）的要求，还获得了国家就业行动计划（KPDZ）的政策工具支持。同时，它还属于国家改革计划（NRP）的一部分，用以践行其人力资本发展战略（SRKL）。

6.5.1　劳动力市场服务细则

该细则的目的在于保证劳动力市场服务的及时性，并适应劳动者个人需要，保证不同劳动者平等获得相关服务和待遇，排除任何歧视。[①]同时，针对贫困地区的劳动力市场服务还涉及提供援助范围的信息，贫困劳工就业办公室会检查在该办公室登记的人员是否符合招聘要求。在不同服务类型（工业、农业、贫困等）就业办公室之间注册的人员可以按需要流动。这一细则主要包括以下内容：省级劳动部门负责工作安置、职业咨询、培训机构服务（简称"劳动力市场服务"）；志愿劳工队负责在欧洲就业服务网络（EURES）框架内的就业安置工作。

该细则规定的主要工作流程是：①就业办公室与注册人员或未注册人

---

① 劳动力市场服务细则的内容详见波兰家庭、劳动和社会政策部网站www.mpips.gov.pl。

员直接联系，以便为其提出合适的工作或其他协助的建议；②就业办公室与雇主直接联系以获得岗位需求信息或提出协助建议；③注册人员或未注册人员可以自己搜寻工作机会；④发布岗位需求信息；⑤雇主与就业办公室之间直接联系，从注册人员中选择多名求职者，以招聘满足雇主要求的候选人；⑥由就业办公室组织招聘会，雇主和求职者直接联系，帮助求职者获得工作机会，雇主找到符合要求的候选人。

在该细则中，关于欧洲就业服务网络（EURES）框架内的就业安置也包括欧盟法规中规定的服务，其中包括关于波兰领土内和其他欧盟成员国领土内的生活和工作条件以及劳动力市场情况的信息和咨询服务，根据这些国家达成的协议，其公民可以自由流动。此外，该细则还包括不同类型办公室详细的工作内容、职业咨询、组织培训的职业与资格分类等条款，以及其他过渡性条款。

6.5.2　劳动力市场委员会

波兰家庭、劳动和社会政策部对于劳动力市场委员会的组织和运作模式，以及委员会成员培训费用的筹集方式等做了详细的规定[①]，具体如下：

①关于委员会领导层的选举：劳动力市场委员会主席和副主席通过公开投票选举产生；主席和副主席的候选人应由劳动力市场委员会成员提名，然后投票表决。投票的过程和结果以及劳动力市场委员会成员对其执行情况提出的任何意见都记录在委员会会议记录中。

②劳动力市场委员会主席的主要职责：A.确定委员会审议的主题和日期；B.主持委员会的会议；C.代表委员会与其他机构联系；D.邀请委员会中没有代表的机构、组织出席委员会会议；E.发起并组织委员会的工作。

---

① 《劳动力市场委员会法案》的内容详见波兰家庭、劳动和社会政策部网站www.mpips.gov.pl。

③该委员会会议的召集形式：A.主席主动召集委员会会议，或应委员会至少一半成员的要求举行会议；B.委员会会议至少每季度举行一次；C.在合理的情况下，可以通过传达的方式获得委员会成员的意见。

④该委员会决议的形成：A.委员会对相关事项做出的决议应当在至少一半的委员会成员在场的情况下以简单多数票通过，在票数相同的情况下，决定权属于委员会主席；B.委员的投票是公开的；C.进行无记名投票。

⑤该委员会与劳动者素质提升相关的工作内容：A.就主管劳工问题的部长提交的国家培训基金的优先发放次序提出意见；B.就国家培训基金的资金分配方式及其支出计划提出意见；C.根据委员会在行业和区域布局中通过的其他优先事项，决定从国家培训基金储备中分配资金的额度。

⑥该委员会的资金来源于波兰家庭、劳动和社会政策部，省、市级财政。国家层级劳动力市场委员会的技术支持由波兰家庭、劳动和社会政策部负责，各省、市层级劳动力市场委员会的技术支持由同级政府负责。

6.5.3　劳动力市场中的外籍劳动者

波兰政府对外国人在本国就业持开放态度，并将具体政策细化到了企业雇佣层面。波兰的外籍劳动者分为来自欧盟成员国的劳动者和来自欧盟以外地区的劳动者两部分。

首先，对于来自欧盟成员国的劳动者，根据《欧盟运作条约》（TFEU）第21条，欧盟的每个公民都有权在欧盟法律规定的条件下在成员国领土内自由迁徙和居住。欧盟内部的迁徙自由是欧盟公民的一项基本权利。因此，波兰政府支持欧洲就业服务网络（EURES）在本国的工作，由波兰家庭、劳动和社会政策部协调，并且在每个省都提供网络服务。主要内容包括：允许其他欧盟成员国公民在波兰劳动力市场寻找工作且无须获得工作许可；允许波兰公民在其他欧盟成员国工作并在满足条件的情况下保留其在波兰的社会保障等福利；波兰公民在雇佣关系终止后仍可以留在另一个欧盟成员国，只要居留情况符合欧盟法律规定的条件即可；在获得就业机会、工作条件以及社会福利与税收优惠方面，欧盟成员国的公民在波兰劳动力市场享有与波兰公民平等的待遇。此外，欧洲经济区或瑞士公民及其家庭成员可以在波兰领土上停留3个月，而无须进行登记。在此期间，欧盟、欧洲经济区或瑞士的每个公民都必须持有有效的旅行证件或其他有效证件，以确认其身份和国籍。

其次，来自欧盟以外地区的劳动者，须接受2004年4月20日波兰政府颁布的《关于促进就业和劳动力市场机构的法令》的约束，进入劳动力市场之前应获得四项许可之一。一是工作许可证，包括A、B、C、D和E型，由雇主向所属省份主管部门申请。持有工作许可证的外籍劳动者有权从事最长3年的工作，如果其持有B类许可证，而且在雇员超过25人的企业工作，则最长可以获得5年的工作许可。二是季节性工作许可证（S型），由雇主向Staroste（巡视劳工办公室）申请。持有这类许可证的外籍劳动者有权在一个日历年度内，在被认为具有季节性的行业类别（农业、园艺、旅游业）中从事工作，最长不超过9个月。三是关于将工作委托给外国人的声明。当雇主雇用亚美尼亚、白俄罗斯、格鲁吉亚、摩尔多瓦、俄罗斯和乌克兰公民时，要向所属省份劳工办公室提交声明，以便外籍劳动者在未获得前两项许可的情况下，在接下来的12个月内进行6个月的非季节性工作。四是临时居留和工作许可证，是已经在波兰合法居住的外籍劳动者向审核其居留权的省份主管部门提出的申请，得到这一许可证的外籍劳动者具有在波兰工作和居住的权利。

6.5.4 包容性就业政策

波兰家庭、劳动和社会政策部针对残疾人群体的包容性就业政策主要包括以下方面的内容：

一是报销残疾雇员的部分雇用费用。雇用残疾雇员的雇主可以从国家残疾人康复基金中获得每月的工资补贴，以协助残疾雇员从事工作环境中的沟通活动以及在工作场所无法或难以独立开展的活动。补贴标准不得超过残疾雇员月工作时间20%的小时工资的总和。同时，如果雇主安排其他雇员帮助残疾雇员，所发生的费用也可以得到补偿，但有一定的条件，即残疾雇员和援助雇员都已在同一实体中长期工作，并且残疾雇员的工作位置和职责范围未发生变化。

二是报销残疾雇员的培训费用。应雇主要求，可从国家残疾人康复基金中退还残疾雇员的培训费用，培训费用最多可退70%，且不超过平均工资的两倍，并且：对于中小企业，退款不得超过有资格获得培训的残疾雇员培训费用的70%；对于大型企业，退款不得超过有资格获得培训的残疾雇员培训费用的60%。具体费用涉及培训费、培训服务（手语、翻译、监护服务等）费、差旅费、食宿费、咨询费、设备与工具折旧以及教材费等，还包括残疾雇员在参加培训期间支付的其他个人费用。

三是补偿帮助残疾雇员适应工作场所支出的费用。雇用残疾人至少36个月的雇主可通过国家残疾人康复基金报销相关费用，最高金额是每项调整后工作的平均工资的20倍。报销费用包括：根据残疾人的需求，提高工作场所适应性的支出；改装或购置有助于残疾人在工作场所执行工作的功能设备的支出；购买授权软件供残障人士使用或适应残障人士需求的设备发生的费用；职业卫生服务部门许可的其他费用。报销费用不包括雇主在合同签订之前所发生的费用。

第7章

丹麦：从创新学习到提升工作生活质量

丹麦是最早参与全球化进程的国家之一，其面积很小，但政治安定、经济发达且社会稳定。丹麦不但就业率非常高，劳动者的人力资本存量也很高，这得益于丹麦在其国内长期实施的提升劳动者素质的战略和相关措施，见表7-1。

表7-1　　　　　　　丹麦提升劳动者素质的战略和相关措施

全民教育	终身学习战略	数字学习资源	对劳动者的工作生活质量给予相应的保障和提高
➢ 义务教育 ➢ 高等教育：丹麦中国顶尖人才（计划）；丹麦巴西顶尖人才（计划） ➢ 职业教育和培训 ➢ 创新教学 ➢ 高学术标准 ➢ 免费学习丹麦语	➢ 2003年《关于教育选择、培训和职业生涯指导的法案》 ➢《丹麦终身学习战略：全民教育和提升全民的终身技能》 ➢ 终身学习国家资格框架	➢ 加强教育信息化基础设施建设：教学设施建设和更新项目；对硬件采购提供主要支持的义务教育学校的信息技术规划 ➢ 为教师（及学生）提供资讯及通信科技服务：（教师的）欧洲教育信息化资格认证；（学生的）信息化资格认证 ➢ 学习资源开发：EMU；UNI-Login；SkoDa；Skolekom	➢ 灵活保障战略 ➢ 工作生活平衡策略

2006年OECD发布了《技能提升：政策新方向》（Skills Upgrading: New Policy Perspectives）报告。报告指出：当今，技能已经成为整个社会关注的重要问题，在一个知识型、联结型的经济体系下，劳动力市场

变得越来越灵活，也越来越开放，技能代表了劳动力拥有的最重要的价值。劳动力需要不断培养和更新技能以保障和进一步改善自己的生活，这也是终身学习成为OECD成员国政府最关切领域之一的原因。①

在新兴科技时代背景下，劳动力市场的发展以及OECD等相关组织的号召促使丹麦走上了提升劳动者素质的道路，提出并开始执行一系列提升劳动者素质的战略。

---

① OECD. Skills Upgrading: New Policy Perspectives [EB/OL]. [2020-11-05]. https://read.oecd-ilibrary.org/education/skills-upgrading_9789264012516-en#page5.

7.1　全民教育

总体上看，丹麦采取了以下四个战略：第一，建立全民教育体系，包括促进义务教育和高等教育、加强职业教育培训、注重创新教学、提高学术标准、免费学习丹麦语等。第二，实施终身学习战略。丹麦政府在2003年出台了《关于教育选择、培训和职业生涯指导的法案》（Act on Guidance in Relation to Choice of Education，Training and Career），并制定了《丹麦终身学习战略：全民教育和提升全民的终身技能》（Denmark's Strategy for Lifelong Learning：Education and Lifelong Skills Upgrading for All），建立了终身学习国家资格框架。第三，大力实施教育信息化策略，其中包含加强教育信息化基础设施建设，为教师（及学生）提供资讯及通信科技服务。第四，对人才的工作生活质量给予相应的保障和提高，包括灵活的就业保障和工作生活平衡策略。下面对以上战略一一进行阐述。

丹麦有一个完善而系统的教育体系，该体系总共分为19个等级，自下而上分别包括基础教育（Basic Schooling）、后期中等教育（Upper Secondary Education）、职业教育和培训（Vocationally Oriented Education and Training）、本科生教育项目（Bachelor Programmes）、专业本科生项目（Professional Bachelor Programmes）、专业学术项目（Academy Profession Programmes）、硕士项目（Master Programmes）和博士项目（PhD）。

在当今全球化的世界，高质量的教育对确保劳动力的竞争力至关重要，这也是丹麦把教育作为重中之重的主要原因。在将较高的学术水平和创新的学习方法结合的过程中，丹麦政府不仅关注对本国各个年龄段的在校学生、外国留学生的教育，同样也关注对在职工作者、离校人员的教育和培训，使更多的人做好在全球化、知识型的社会中发挥积极作用的准备。

7.1.1 义务教育

在丹麦，基础教育是强制性的，中等教育主要是为学生的高等教育做准备，而职业教育和培训的主要目的是培养学生从事贸易或工业领域职业的能力。在丹麦，超过50%的人接受高等教育。

丹麦的义务教育（Compulsory Education）①最主要的执行责任由98个市级公立学校（Folkeskole）和由家长董事会支持的私立学校承担。在义务教育方面，评估和评价框架（Evaluation and Assessment Framework）对于教学质量的提高和整个义务教育体系的发展作用重大。评估和评价框架的工作重点如下：

第一，在框架内，将学校老师和校长的奖励结合起来。老师是有诚信的专业人员，他们的工作以团队模式来进行，并有特别顾问的支持。在义务教育机制内的教育标准框架明确了对教师的奖励体系，并为教师的事业发展提供基础。在教育系统内对教师职业资格的认证过程能够决定教师的事业发展和专业知识发展。学校校长在每年年末给教师提供一个正式的对话机会，来提出对教学管理工作的反馈，并为教师提供充足的发展奖励，并且这些奖励能够将教师的专业性发展与学校的发展结合起来。

第二，完善框架内的关键要素并且明确要素目标。学校和教师经常在将评估和评价框架转化成具体的指导性评价计划时遇到困难，因此需要建立和完善相关的绩效标准以保证框架实施的一致性，并使学生更积极地参与到对教学的评价中。同时，对于教学目的、过程以及期末测验的审核同样重要，不可偏颇。

第三，进行投资，以促进各个等级的评估和评价能力的发展。在义务

---

① OECD. OECD Reviews of Evaluation and Assessment in Education：Denmark 2011 [EB/OL]．[2020-11-05]．https：//read.oecd-ilibrary.org/education/oecd-reviews-of-evaluation-and-assessment-in-education-denmark-2011_9789264116597-en#page7.

教育系统内，通过多方努力促进评估和评价能力的提高，为教师提供足够的专业发展空间并且更多地借助特殊评价顾问的帮助，力求更好地建立教师能力评价体系；建立针对学校校长和市级教育部门负责人的能力概要；面向学校领导实施教学评估培训，促进学校进行更系统的自我评价；加强对市级评估框架的监督，并确保这些框架包含对教学质量的评价。

第四，促进并且支持评价和评估结果的最大化应用。新的国家级别的测试给教师们提供了一个强有力的教学工具。除此之外，还需要继续促进将测试结果用于改变教师的教学策略。同样，国家测试结果和学生个人计划（Individual Student Plans）也成为教师和学生家长沟通时的重要内容。

7.1.2　高等教育

丹麦的高等教育（Higher Education）将追求学术卓越、创新研究和教学结合起来，这一模式有着悠久的传统。较高的学术水平、跨学科研究和基于项目的活动创造了积极的学习环境。大多数丹麦高等教育机构都受益于与商业、工业和研究机构的合作，为它们的学生创造了内容丰富且充满活力的学习环境。此外，丹麦的高等教育机构也为国际学生提供了一系列的机会，这些机构高度国际化，提供大量的英语课程。2019年的一项调查显示，有超过3 500名留学生在丹麦学习，其中78%的学生推荐丹麦作为留学目的地，93%的学生认为丹麦是一个安全的国家。在丹麦针对留学生的计划中，丹麦中国顶尖人才（计划）和丹麦巴西顶尖人才（计划）可作为范例。

其中，丹麦中国顶尖人才（计划）为人才在丹麦获得优质的教育并且能够在位于丹麦的（中国或丹麦）公司工作提供机会。个人在丹麦顶级人才网站注册个人资料后即可成为储备人才的一分子。丹麦的高等教育机构中，在世界排名前200位的有3所。2007年，丹麦和中国就高等教育的学位互认问题达成了协议，这意味着中国教育部认可了丹麦高等教育机构授予的学位。

该计划提供700多门学位课程和1 300门英语课程、交换项目和短期课程、暑期学校等。计划提供的相关教育机构有5类：大学、大学学院、商业学院、艺术高等教育机构和海事教育培训学校。

除此之外，中国学生还有机会在中国接受丹麦教育，中国与丹麦合作成立了中丹教育与研究中心（Sino - Danish Center for Education and Research，SDC），为中国学生在中国接受丹麦教育提供了机会。SDC是丹麦8所大学、丹麦科学创新教育部、中国科学院大学合作的一项关于教育和研究的联合项目。项目总体目标是促进和加强中国与丹麦关于研究和学习环境的合作。

该合作计划包括博士和硕士培养课程，这是两国在选定的研究领域密切互动的基础上发展起来的，面向在跨文化背景下具有很强的学术能力和宝贵经验的学生。所有课程都由中国和丹麦的研究人员用英语授课，他们主要来自中国和丹麦的相关研究机构。在完成相应的课程后，学生可以获得双学位——一份来自丹麦的大学，另一份来自中国的大学。其中，硕士课程涉及水与环境科学、神经科学和神经影像学、生命科学工程与信息学、公共管理和社会发展、创新管理、化学和生化工程以及纳米科学与纳米技术七个领域。

SDC还为中国与丹麦共同开展科研活动、促进科研人员交流提供了平台。在国内环境研究的基础上，SDC的初步研究活动主要包括五个主题：水与环境、可持续能源、纳米科学、生命科学、社会科学。这些研究主题是基于双方优势互补选择的。中国和丹麦研究人员在联合研究项目的各个方面开展合作，包括实验设计、数据分析和解释、研究成果的发表和成果的商业化应用等。

除了丹麦中国顶尖人才（计划），丹麦和巴西也有相关的合作，称为"丹麦巴西顶尖人才"（计划）。该计划是丹麦圣保罗创新中心的一项计划，旨在支持巴西人才在丹麦的学习并为他们提供就业机会。在该计划支持下，丹麦在巴西的不同城市举办活动，巴西的学生和年轻的专业人士有机会直接与丹麦高等教育机构和相关公司的代表交流。这些活动帮助巴西年轻人扩展他们的学习网络，同时给予他们在丹麦学习和就业的机会，此外，该计划还提供不同的课程与创新的教育方法。

7.1.3　职业教育和培训

除了注重基础教育和高等教育以外，丹麦政府还注重加强职业教育和培训（Vocational Education and Training，VET）。自 2002 年《哥本哈根宣言》（Copenhagen Declaration in 2002）通过以来，哥本哈根进程取得了很大进展，促进了欧洲各地的职业教育和培训，分享了各个成员的成熟经验。注重质量的职业教育和培训系统在欧洲成为主流。在这一背景下，2008 年丹麦发布了《丹麦职业教育和培训质量进程》（The Danish Approach to Quality in Vocational Education and Training）报告①，这个报告的重点是丹麦关于职业教育和培训领域的质量保证及发展方法，涉及初级职业教育和培训（Initial Vocational Education and Training，IVET）和继续职业教育和培训（Continuing Vocational Education and Training，CVET）的质量保证。其质量保证框架（The Common Quality Assurance Framework，CQAF）被选为分析丹麦教学与培训质量方针的框架，并描述了关于整体政策优先事项的情况：就业能力、匹配和可用性。

7.1.4　创新教学

丹麦的高等教育创新教学结合了传统的教学模式，帮助学生培养出很强的问题解决能力。它倡导公开辩论和基于问题的学习方法，鼓励学生表达观点、投身实验并主动与他人合作。在创新教学（Innovation Teaching）

---

① Denmark Government. The Danish Approach to Quality in Vocational Education and Training [EB/OL]. [2020-11-05]. https://www.uvm.dk/publikationer/engelsksprogede/2008-the-danish-approach-to-quality-in-vocational-education-and-training.

中，同学间的合作项目通常以应对现实生活中的挑战的模式呈现，充分激发学生的主动性和自由思考的能力。传统的口试和笔试确保了高质量的学习成果。丹麦的学习环境友好而轻松，学生和老师在课堂和讲座中可以公开辩论。

通过创新教学，丹麦的学生可以获得良好的国际形象、优秀的协作和创新能力，为他们未来的事业打下坚实的基础。

7.1.5 高学术标准

无论学生选择在丹麦学习哪一门学科，都有可能在世界范围内获得较高的学术水平，这在很大程度上得益于其国内优质的师资条件。丹麦大学的导师通常是兼职研究员，拥有丰富的工作和实践经验，从而确保他们的教学内容包括最新的学术知识和有价值的实践观点。

丹麦高等教育机构还经常与商业、工业和研究机构合作，创造动态的学习环境，学生可以直接从行业专家那里学习到经验与知识。许多课程还包括算入学分的实习，为学生提供获得宝贵工作经验的机会。丹麦的大学、学院和相关机构的硬件设施都较为先进，学生可以免费使用电脑、图书馆系统和校园无线网络。

此外，在丹麦的国际学生或雇员可以免费学习丹麦语课程，只需要注册即可。语言课程由私人和公共语言中心网络提供。学员可以选择白天的课程或夜间的课程，这些课程都是按照《欧洲语言共同参考框架》来完成的。

7.2 终身学习战略

终身学习（Lifelong Learning）是丹麦由来已久的传统。许多丹麦人参加成人教育以提高他们的知识和技能，促进专业或职业转型，满足劳动力市场的需要。

历史上，丹麦的失业率一直处于相对较低的水平。尽管从2008年9月至2009年9月，丹麦的失业率迅速增长，达到6.4%（丹麦统计局2009年的数据），但之后"从2013年中期的5.8%下降到2015年初的4.9%"，这在很大程度上得益于丹麦的终身学习战略。

丹麦语的"指导"（Guidance）一词叫"Vejledning"，意思是"领导某人"。丹麦通过了《2004年欧盟终身指导决议》（2004 EU Resolution of Lifelong Guidance，CoEU 2004）的指导方针，其中终身学习指导活动包括信息和咨询、能力评估、指导、教学决策和职业技能管理。在丹麦，指导包括个人辅导、学校辅导、教育和职业指导与咨询，以及学生在大学学习期间的发展和监督。总而言之，在丹麦，指导被认为是一个持续的过程，它应该帮助年轻人更加了解自己的能力、兴趣和潜能，从而使他们能够在一个较为坚实的基础上对丹麦的教育和就业做出选择。[①]

7.2.1　《关于教育选择、培训和职业生涯指导的法案》

丹麦建立了在"指导"方面的正式立法，并有详细的战略目标。根据《关于教育选择、培训和职业生涯指导的法案》的规定，教育、培训和职业选择方面的指导一方面要有助于确保个人对教育、培训和职业的选择，另一方面要有助于支持整个社会的发展。该法案定义了7个主要的指导目标。根据这些目标，有关教育、培训和职业的指导必须确保对个人和社会都有益处，并使所有的年轻人完成一项教育，从而获得职业/专业资格，特别针对那些没有具体指导或在选择和完成教育、培训和职业方面有困难的年轻人，同时，兼顾到个人的兴趣、资格和技能，包括非正式能力和以

---

① ZHANG Z X. Lifelong Guidance: How Guidance and Counselling Support Lifelong Learning in the Contrasting Contexts of China and Denmark [J]. International Review of Education, 2016, 62 (5): 627-645.

前的教育、工作经验，以及对熟练劳动力和自我雇佣者的预期需求。此外，该法案还要求：尽可能地限制学生退学和从一项教育或培训项目转向另一项教育或培训项目的人数，确保学生尽可能地完成所选的教育或培训项目，并使其获得学术/职业上的个人最大利益；提高个人搜寻和使用信息的能力，包括教育机构和职业选择基于信息的指导；确保对个人指导的连贯性；确保所提供的帮助独立于部门和机构利益。[①]

7.2.2 《丹麦终身学习战略：全民教育和提升全民的终身技能》

2006年丹麦提出了终身学习的国家战略——《丹麦终身学习战略：全民教育和提升全民的终身技能》，旨在构建终身教育体系，同时指出了职业教育对实现终身教育的重要作用，要求进一步提高职业教育的灵活性和包容性。此后，丹麦政府于2006年底开始开发和设计终身学习国家资格框架（Danish National Qualifications Framework for Lifelong Learning，DK NQF），2013年完成了对该框架的全面评估，并进入运作阶段，促进了各类教育的融合与沟通。

7.2.3 终身学习国家资格框架

终身学习国家资格框架的内容包括从义务教育到高层次学术专业教育，再到职业培训的各个阶段，涉及普通教育、职业教育和培训、高等教育和成人教育等各类教育。框架强调学习结果，认可正规教育之外的非正式教育，打破了传统教育中时间、空间、内容、方式的限制。框架规定的核心内容有：学习成果（对一个学习者在完成一个学习过程后知道什么、理解什么和能够做什么的陈述，从知识、技能和能力方面来定义）、等级

---

① ZHANG Z X. Lifelong Guidance：How Guidance and Counselling Support Lifelong Learning in the Contrasting Contexts of China and Denmark ［J］. International Review of Education，2016，62（5）：627-645.

标准（框架采用八级结构，从知识、技能和能力三个方面对资格等级标准和学习成果进行全面描述，每个级别都有明确的等级标准，并且从一级到八级要求逐级升高）、资格类学位和证书的分配原则（丹麦国家资格框架涵盖三种不同类型的资格，即学位证书、职业资格证书和补充资格证书）以及网络版国家资格框架和资格等级数据库的信息收录。为此，丹麦开发了专用网络信息工具，包括网络版国家资格框架（Web Edition of the NQF）和资格等级数据库（Database of Qualification Levels）。

为全面推进国家资格框架的开发与实施，丹麦成立了多层次、专业化的国家机构，在事实上构筑了终身学习国家资格框架的组织基础，包括协调委员会、参照委员会、咨询委员会、国家协调点和秘书处。[①]

协调委员会（Coordinating Committee）由四个部委（教育部、科学技术和创新部、文化部、经济和商业事务部）的代表组成，主要负责国家资格框架的实施以及与欧洲资格框架（European Qualifications Framework，EQF）的衔接。

参照委员会（Referencing Committee）由上述四个部委、丹麦国际教育机构（The Danish Agency for International Education，IU）、丹麦教育认证委员会（Accreditation Council for Education，ACE）和丹麦评估研究所（The Danish Evaluation Institute，EVA）的代表和两位国际专家组成，主要负责监督国家资格框架与EQF的衔接过程。

咨询委员会（Consultation Committee）由丹麦的重要利益相关者组成，其中有相关理事会和委员会的代表及校长和副校长议会代表。该委员会主要与协调委员会共同负责国家资格框架与EQF的衔接；对更广泛的利益相关者进行研讨和咨询；监督和修正衔接过程，负责框架衔接过程与结果的质量保证。

---

① 赵亚平，王梅. 丹麦终身学习国家资格框架探析［J］. 职业技术教育，2015（10）：69-74.

国家协调点（The National Coordination Point，NCP）负责传播框架衔接过程和结果的相关信息，管理国家资格框架网络资源，参与和他国资格互认的国际交流对话。丹麦教育部、科学技术和创新部负责终身学习的指导，并在指导制度方面发挥控制和协调作用。目前丹麦的终身学习指导体系由多个部分组成，主要包括：52个城市青年指导中心（Municipal Youth Guidance Centres），分布在98个自治市，为25岁以下的年轻人提供指导服务，重点是从义务教育向青年教育过渡，或向劳动力市场过渡；7个区域指导中心（Regional Guidance Centers），为希望进入高等教育计划项目中的青年教育计划项目的学生，以及在教育系统之外的青年人和成人提供指导；国家指导门户网站（www.ug.dk），是一个基于网络信息的职业信息和指导门户网站，帮助人们找到职业资源，以做出关于教育、培训和职业的有效决定。此外，该体系还涉及高等教育指导，包括两类：一是学院专业课程和专业学士课程的指导，帮助学生完成教育；二是大学教育指导和职业指导。此外，大学有义务为推迟毕业的学生提供特殊指导，以便他们继续接受教育。

7.3 数字学习资源

除了全民教育战略以外，丹麦还大力发展教育信息化，充分利用数字学习资源（Digital Learning Resources，DLR）。在过去的10~20年里，丹麦政府在教育方面制定了许多信息和通信技术（Information and Communications Technology，ICT）政策。主要的ICT政策都与政府资助的大型项目有关。在20世纪90年代末，丹麦以普及互联网为目的对基础设施进行了大量投资。在过去的10~15年间，丹麦的教育资讯科技政策主要集中于三个方面：加强教育信息基础设施建设；为教师（及学生）提供资讯及通信科技服务；开发学习资源。

7.3.1　教育信息化

首先，针对加强教育信息化基础设施建设，政府支持的方案主要有两种：一是教学设施建设和项目更新；二是以硬件采购为主要支持手段的义务教育学校信息技术规划（ITIF）。

一方面，教学设施建设和项目更新主要是日托中心和公共学校等教育机构设施的建设和整修。丹麦教育部2010年启动了一个可以为地区政府提供8亿美元资金支持的项目。虽然该项目的资金并不只限于对信息化的投资，但是信息化投入是重要组成部分。因此，丹麦教育部大力鼓励地方政府通过申请该项目资金改善地方学校的ICT基础设施。另一方面，对硬件采购提供主要支持的规划始于2009年，规划资金约9.3亿美元，其中75%的资金用于地方小学的信息化硬件设备采购。鼓励并支持地方政府发展本地的ICT基建，也是丹麦分权教育政策的很好体现。因为丹麦国内普遍认为9岁是学生可以接触信息通信技术的最低年龄，所以该项目资金只供三年级及以上的学生采购信息化硬件设备。参加这个项目的地方政府同时需要提供相应的资金为四年级以上的学生更新ICT基础设施。丹麦国内的地方政府全部参与了这个资金项目，国家负责推动和催化，地方政府则负责采购。这个项目的资金多用于采购交互式白板和笔记本电脑。到2007年，九年级的学生中每四人就拥有一台电脑。但是，丹麦义务教育学校的信息技术规划项目最终没有取得全面成功，在数字化教学资源推广方面遭到了部分教师的抵制。[①]

7.3.2　资讯及通信科技服务

政府为教师（及学生）提供资讯及通信科技服务，主要涉及针对在职

---

① 董宏建，许方舟. 丹麦教育信息化概览［J］. 世界教育信息，2012（8）：27-32.

教师的"欧洲教育信息化资格认证"(The European Pedagogical ICT License，EPICT) 和针对学生的"信息化资格认证"(The Pupils' ICT License)。

　　"欧洲教育信息化资格认证"项目为教师的专业发展提供了一套在职培训课程。该项目引入了一套综合性的教育信息化质量标准，其主导思想是教师的技能培训须基于合理的教学实践。"无依据，无技能" 这句话很好地总结了这个项目的核心思想。各大高校和地方教学中心都提供该套培训课程。一般情况下，参与该套课程的一个班级可容纳 20 名教师学员，并且几乎全部采取在线教学的方式。学员在学习过程中只有一次机会能见到讲师，之后便全部通过在线交流。学员需要完成包括4门必修课和4门选修课在内的8个模块的课程学习。4门必修课程主要围绕信息化教学手段、计算机基础技能、在线沟通交流、在线搜索工具、文字技术处理及革新等内容展开。该课程强调同行间的相互学习能力，每个模块都包括一个团队任务，讲师也会对此进行相应的评估。由于该项目初期在提供 ICT 基础技能培训方面取得了较大成功，丹麦教育部随之又赞助了诸如专业信息化课程等高级阶段职业发展模块的开发与推广。然而，教师对这些高级课程的兴趣一直偏低，原因可能在于教师在支付课程费用时所面临的金额限制，又或许是新举措颁布时恰逢地方政府正在进行重大的结构性改革。

　　除了教师的资格认证以外，学生也可以通过"信息化资格认证"项目有选择地考取 ICT 证书。该认证项目于 2004 年出台，通过一项非正式的测评——其内容涉及信息和媒体技术方面的操作能力、熟练程度、知识掌握程度、行为反应等——对学生的信息通信技术能力进行检测。通过测验的学生可以取得ICT资格证书。丹麦教育部希望该证书能够在学生就业方面有所帮助。通常情况下，学生在学校学习也能掌握一定的信息通信技能，但与采用 ICT 的学校不同，职业学校向学生提供专门的信息化课程，并且设有正规的信息化技能考试。

7.3.3　开发学习资源

除了以上基础设施建设和相关的教育项目以外，丹麦政府还致力于开发学习资源，搭建了 EMU、UNI-Login、SkoDa、Skolekom 等数据服务系统和门户网站。

其中，EMU（www.emu.dk）是为中小学校、大学和成人教育机构提供学习资源的国家门户网站，它由丹麦教育部发起和资助，1999 年推出，由 UNI-C 公司开发运营。EMU 即 "教育领域的电子会议场所"（Electronic Meeting Place for the Educational World），提供各种与学生、教师和家长相关的信息资源，其理念是建立一个与教育世界相关的信息的中心门户。它拥有许多子网站，其中包括主题信息指南、电子博物馆、SkoDa 和国家学习资源知识库（Materialeplatformen）等，并且这些服务大部分是免费的。

EMU 门户不是从零开始建立的，而是继承了由 UNI-C 开发和维护的早期服务。因此，该服务的设计和启动是在用户之前的 UNI-C 服务体验基础上进行的，至关重要的是需要在庞大的初始用户群的基础上提炼必要的关键用户群，从而建立一种庞大而可持续的国家在线教育文化。用户在平台上一旦签署了订阅合同，只需登录一次就可以访问学校订阅的所有服务。

EMU 在丹麦关于 ICT/DLR 的教育政策方面具有重要作用，OECD 专家小组充分证实了 EMU 是整个丹麦数字化学习资源系统的支柱，是在教育领域实施国家信息通信技术和数字化学习资源政策的主要工具。EMU 已经在门户网站上成功地汇集了大多数有关国家数字化学习资源的产品，无论是私人的还是公共的，用户可以方便地从丹麦各个教育社区节点访问。因此，EMU 在实施丹麦的国家电子学习战略（eLearning Strategy）中起着至关重要的作用。

EMU 的主要用户为个人，而其他一些资源则主要服务于较大的团体和机构。[①]例如，UNI-Login是多个网站的通用登录系统，学生或老师只需要登录一次，就可以访问学校订阅的网络服务；SkoDa（skoda.emu.dk）是学校的数据库服务，包含学术期刊、百科全书和报纸文章等资源，是由UNI-C经营的一个商业网站；Skolekom（skolekom.emu.dk）是为丹麦学校提供邮件和会议服务的综合系统，教师可以在平台上参加会议，进行实时讨论交流，由UNI-C运营并管理，学校可以购买该系统的服务。如今，Skolekom已经拥有30万活跃用户。

7.4　工作生活质量

丹麦政府在倡导全民教育、终身教育和信息化教育的同时，也致力于给劳动力提供相应的工作生活保障机制，给劳动者素质的提升创造了良好的外部环境和保障，其中主要包括灵活保障战略和工作生活平衡策略。

7.4.1　灵活保障战略

当谈论丹麦的劳动力市场时，人们经常使用"灵活保障"（Flexicurity）一词来描述成功应对全球化挑战、确保经济稳定增长和提振就业的模式。研究表明，丹麦人对全球化持积极态度，并不害怕失业；相反，他们更倾向寻找新的、更好的工作机会。这部分归因于灵活保障模式提高了员工和企业的适应性。灵活保障有三个方面的要素，这些要素构成了灵活保障的"金三角"。第一个方面是灵活的雇用和解雇规则，这使得雇主很容易在经济低迷时解雇员工，并在情况好转时雇用新员工。丹麦每年约有25%的私营部门劳动者更换工作。第二个方面是失业保障，且维持相对较高的水

---

① OECD. OECD Study on Digital Learning Resources as Systemic Innovation：Country Case Study Report on Denmark［EB/OL］.［2020-11-05］. http://www.oecd.org/dataoecd/33/40/42033180.pdf.

平。第三个方面是积极的劳动力市场政策。丹麦政府认为需要建立一个有效的制度为所有失业者提供指导、工作或教育，大约将 GDP 的 5% 用于实施积极的劳动力市场政策。

灵活保障的目的是促进就业保障而不是工作保障。该模式具有确保雇主灵活雇用的双重优势，同时员工享受失业福利制度和积极的就业政策。丹麦的灵活保障模式建立在社会伙伴之间长达一个世纪的社会对话和谈判传统之上。劳动力市场的发展很大程度上要归功于丹麦的集体谈判模式，该模式确保了广泛的工人保护，同时考虑到了不断变化的生产和市场条件。

丹麦的灵活保障模式得到了两个主要社会伙伴的支持——丹麦工会联盟（LO）和丹麦雇主联合会（DA）。这两个组织与丹麦就业部合作，共同促进了欧盟就业政策相关内容在丹麦的落实，促使欧盟委员会在 2007 年中期提出了关于"灵活保障的共同原则"的交流倡议。随后，欧盟理事会于 2007 年 12 月通过了一套关于灵活保障的理事会结论，在实施改革时，"灵活保障的共同原则"将指导欧盟成员国实施改革，以达到《里斯本增长和就业战略》的目标。

7.4.2　工作生活平衡策略

除了提供灵活保障的就业模式外，丹麦政府还推崇工作生活平衡策略（Work/Life Balance Strategy）。丹麦人以保持工作与生活的平衡为荣，丹麦的福利模式为劳动者提供灵活的工作条件和社会支持网络（包括产假和托儿设施），这不仅使丹麦的福利水平处于国际前列，还有助于普遍提高丹麦人的生活水平。

工作与生活的平衡意味着工作（事业和抱负）与生活（健康、快乐、休闲、精神和家庭）之间的优先次序达到一个平衡的状态。在该策略下丹麦人享有高度的灵活性，甚至是在家工作的灵活性；工作场所内通常有规定的午餐休息时间，同事间可以相互交流，一起吃饭；所有工薪阶层每年至少有5周的带薪假期。

　　丹麦提升劳动者素质的战略值得我国借鉴，但是这些战略和相关措施仍然存在一些局限性，需要关注以下几点：一是相关的战略缺乏相应的监督评价机制和持续研究。例如，EMU现阶段仍然缺少系统有力的监测和评价机制，实施效用受到了一定程度的限制。此外，相应的组织行动和媒体研究也需要加强，以支持EMU未来提供更好的服务。二是一些战略目标不明确，给具体的实施过程带来了困难。如ITIF当前要实现的目标是相当模糊的，从将数字学习资源视为系统创新的角度来看，ITIF的主要关注点是数字化，而不是数字学习资源的使用，即数字学习资源的目标还不清楚，如不充分了解这些资源将如何使用，将会造成更多的无效投入和损失。三是教育资源和教育需求在一定程度上的不匹配。例如，如果不考虑丹麦传统教育理念的背景，独立来看，数字化进程中产生的大量数字资源看似会带来很大的影响，但是很多数字资源并没有满足教师和学生的真正需求。

第8章
基于人力资本理论的劳动者素质提升选择

现阶段，中国政府在高质量发展背景下已经提出并落实了一系列提高劳动者素质的政策与措施，涉及不同地区、群体和不同职业类型的劳动者。其中，数量最多、内容最全面的是以群体类型为划分依据的劳动者素质提升政策。从表8-1中可以看出，中国现有的提升劳动者素质的政策在教育方面较为完备，对于劳动者的综合素质也有较为充分的关注，技能提升与培训工作多集中于目前劳动力市场中的适龄劳动者，但在终身学习方面的政策规划相对滞后，且从现有政策内容看多依附于教育、培训政策，暂时没有独立的政策体系予以支撑。

表8-1　　　　　　按群体划分的劳动者素质提升政策矩阵

群体 / 政策	一般劳动者	农民工	大学生	农村留守儿童	失业者	老年人	残疾人
综合素质	√	√	√	√		√	√
教育	√	√	√	√	√	√	√
技能	√	√	√		√		√
培训	√	√	√		√		√
终身学习	√		√				

如前文所述，由于国内劳动力市场依旧存在很多问题和矛盾，现有政策还有待改善和补充。针对这些问题和矛盾，结合人力资本生命周期理

论，从人力资本存量角度出发，需要逐步对现有的战略和政策进行优化，主要涉及六个方面的内容和一项保障措施：加强劳动力身体素质建设；加强劳动力教育体制建设；增加劳动力工作实践机会；加强劳动力能力培训；建立并完善以就业提升劳动者素质的机制；建立并加强终身学习机制；依靠市场主体提升政策活力，确保政策落实的实效、高效。

8.1 营养均衡与身心健康

身心综合素质是劳动者队伍培养与建设的基础，有了良好的身体素质与心理状态，劳动者才能更好地接受教育、参加培训并在工作中创造价值。从现有问题看，在作为考察健康状况最常用指标之一的预期寿命方面，中国与部分欧盟国家相比整体偏低，其所代表的不仅仅是劳动者生存年限、工作年限预期较短的问题，其影响也不仅仅局限在劳动者队伍建设动力不足、退休劳动者工作意愿偏低方面，还涉及劳动者专业性健康保障建设滞后、针对性心理健康辅导缺失、选择性健康护理服务供给不足所导致的部分劳动者对职业发展规划缺乏信心、对工作场所压力难以纾解、对健康发展需求无处满足等问题，还包括这些问题在全员劳动生产率、劳动安全、劳动者队伍内部关系以及工作场所管理方面产生的不利影响。

进入新时代阶段以来，推进健康中国建设任务的提出明确了健康事业在经济社会发展全局中的重要性。中共中央、国务院于2016年印发并实施的《"健康中国2030"规划纲要》在发展基础、适用对象、主要内容、实现路径和保障措施等方面都给出了较为详细的方向性指导，以此作为统筹、指引中国健康事业发展的纲领性文件。在此基础上，还需要更为详尽且更具针对性的政策或指导内容对不同地区、不同人群、不同职业的健康发展内容作为补充。

8.1.1 地区性健康保障基础

地区性健康保障的重点内容之一是促进农村地区健康人力资本质量的提升，这也是乡村振兴战略关于"产业兴旺、生态宜居、乡风文明、治理有效、生活富裕"要求的具体体现，结合以人民为中心的发展思想，需要保障农村居民良好的身体素质和心理健康水平作为实现乡村振兴的人员基础。

农村地区作为农民工的流出地，其健康保障建设至关重要，要以提高食品质量为基础，以提供基本营养保障为主干，以完善医疗卫生体系为保障，以提供心理健康服务为补充，全面提高农村地区居民的综合素质。

具体而言，一是要充分提高农村地区食品供给的质量，从时间和空间两个角度杜绝"三无"食品、假冒伪劣食品的供给与销售，重点整治农兽药残留超标问题。在时间方面，着重考虑节庆、婚丧、祭祀等农村食品消费的高风险时段；在空间方面，以集市、学校、加工坊等作为主要监测地点。二是要着力满足农村地区居民的营养需求，对于贫困地区农村居民的营养状况要重点关注，可以考虑在精准扶贫的考核内容中加入对营养状况的考察。三是要进一步完善农村地区医疗卫生建设，在农村地区人口逐渐减少的背景下可以采取合并乡镇卫生院的方式整合邻近地区的医疗卫生资源，通过规模的扩展提升服务质量，减少农村地区现有医疗卫生资源的浪费，但这需要完善的道路基础设施和完备的医疗卫生队伍建设做支撑。四是注重农村地区居民的心理卫生状况，着力培育农村地区居民心理健康意识，可以通过乡镇文化站开展心理健康普查、教育甚至是干预活动，对于有一定经济条件且居民数量较多的乡镇，可以设置专业化的心理咨询室、辅导室等。

此外，供给侧结构性改革对于各类产业，特别是制造业发展提出了更高要求。对于产业集聚地区的健康保障建设，要以产业内容为基础，以特定问题为主体，以问题预防为导向，多角度开展具备产业发展特色的专业化健康保障项目。

具体而言，一是从身体素质方面考虑，产业集聚地区的职业类型、活动相似，所面临的职业病种类也比较一致，对特定职业病开展专业化的防治措施有利于提高政策、措施的精准度与实施效率。例如，可以在现有《中华人民共和国职业病防治法》基础上，在制造业企业集中的地区进一步深化政府及相关部门与专业性医疗机构的合作，在高温、废气、化学污染等方面出台详细的、具备制造业产业特征的疾病防治办法；作为淘汰落后产能重点地区的河北、山西等地，可以在钢铁、煤炭产业转型升级过程中将更为严格的职业病防治措施与环保设备、绿色技术的应用结合起来，实现生产过程对环境友好、对劳动者友好。二是从心理素质方面考虑，以服务业为代表的第三产业对于劳动者的心理健康需求最为迫切，可以在服务业占主导的地区考虑以财政为支持，通过政府购买心理健康机构服务的方式，借助市场化手段鼓励服务业从业人员接受心理健康辅导与干预。可以选择电子商务服务较为集中的江浙沪地区为试点，开展杭州、上海地区的客服从业人员心理健康服务，采取个体咨询与团体辅导相结合的方式，在经验成熟之后扩展到其他相关领域从业人员。

8.1.2 群体性健康发展政策

有了以地区作为重点开展符合地方现实需求的保障措施为基础，可以考虑以特定群体的健康发展政策作为辅助性措施，确保政策目标范围的全面性。例如，对于婴幼儿的健康发展，主要集中于基本营养的保障方面，特别是农村地区婴幼儿的微量元素保障，可以通过专业性营养改善项目的形式将健康发展资源向农村地区适当倾斜。对于贫困农村地区的婴幼儿，针对目前营养保障缺失的问题，可以在现有的"营养包"项目基础上扩展服务内容，以财政补贴、公益募集等形式通过专业性、公益性的机构开展婴幼儿早期发展的综合服务。

同时，在婴幼儿的成长发育过程中，心理健康对未来的心理发展起着非常大的影响作用[1]，需要重点考虑留守儿童心理健康问题的适时、有效干预。双亲外出家庭由于家庭情感功能、教育功能的缺失，这些家庭留守

---

① 方丰娟，陈国鹏，戚炜颖. 幼儿心理健康评估现状和思考 [J]. 心理科学，2006 (2)：493-495.

儿童的心理资本①损耗较为严重，心理适应能力较差，需要更多的心理资本投入。针对目前农村留守儿童亲子关系不理想的情况，要向外出务工农民工普及儿童心理健康教育，对于留守儿童较多的村、镇，可以考虑为乡镇卫生院补充心理辅导人员。

8.1.3 职业化健康护理服务

产业集聚地区要以职业病为主要分类依据开展高效率、针对性、小而精的专业化职业健康保障工作，一些没有优势产业的地区可以从当地职业结构比重出发，结合目标群体消费能力，借助近年来国家大力发展的全科医生项目，开展广覆盖、多内容、大而全的普适性基本健康保障工作。

具体而言，可以考虑通过以地方工会与健康护理机构合作的形式，在基层工会发展较充分的地区借助中华全国总工会基层工会信息管理系统掌握各类型职业劳动者的数量与年龄、工龄、性别、职业等具体情况，有针对性地为劳动者提供多样化、可选择的健康护理服务，服务机构则需要多角度扩展业务类型以满足需求。经费来源可以考虑通过财政补贴、工会经费或是采取类似于工会系统"职工互助一日捐"的形式予以保障。

8.2 劳动者教育体系

人力资本理论能够帮助我们重新审视国家的教育投资策略和整个教育体制的改革方向。教育阶段是劳动者进入劳动力市场前的必要准备阶段，是劳动者生存、发展的基础性阶段。教育应是基于个体生命周期，着眼于社会整体福利的一项长期投资，加强教育体系建设是提高人力资本价值的

---

① 心理资本最早由Luthans和Youssef提出，表现为人作为一般个体在其生存过程中呈现出的积极的心理状态，由自我能效感、希望、任性和乐观四个要素构成，具备可变性和可开发性，是研究个体心理健康水平的重要指标之一。

有效手段。[①]从现有问题看，无论是中等教育入学率偏低还是高等教育入学渠道狭窄，无论是农民工群体受教育程度偏低还是其他社会群体教育资源分配不公平，本质上都是教育体制建设不完善的具体表现。

劳动者的教育不仅关系到其自身发展，还是促进社会经济与国家发展的决定性力量之一，解决劳动者的教育问题需要谨慎、全面、系统的考虑。《2030教育可持续发展目标》[②]与《教育部关于数字教育资源公共服务体系建设与应用的指导意见》[③]，从不同角度较为全面地提出了促进教育发展的对策措施。教育作为一项基础性工作，其体制机制的不断完善不仅需要战略导向、发展目标、发展理念这些宏观概念的指导，还需要结合经济、社会发展的客观要求，从义务教育这一基础阶段开始，不断梳理并重新认识政策内容、参与主体、市场机制等的功能定位与主要作用。

8.2.1　政府主导

教育问题是宏观性、全局性、普惠性的问题，并非单一地区或仅依靠社会力量、市场机制就能解决的，需要国家层面的统筹考虑，自上而下地动员各地、各级政府落实政策改革措施并反馈实践问题。

首先，在国家层面需要对义务教育、高中教育、高等教育等各教育阶段的体制建设进行统筹协调。具体来说，一是在义务教育阶段可以适当延长义务教育年限。现阶段中国整体的经济实力与学生素质允许对义务教育年限进行适当调整，可以考虑在北京、广东等有条件的地区或是山东、河北、河南等教育大省用2~3年的时间采取试点先行的方式积累经验，主

---

① 李晓曼，曾湘泉. 新人力资本理论——基于能力的人力资本理论研究动态 [J]. 经济学动态，2012 (11)：120-126. 王萍. 劳动力年龄和教育结构对经济增长的影响研究——基于人力资本存量生命周期的视角 [J]. 宏观经济研究，2015 (1)：52-57，115.

② 教育部. 2030教育可持续发展目标 [EB/OL]. [2020-11-05]. http://www.moe.gov.cn/s78/A23/A23_ztzl/ztzl_kcxfz/201601/t20160104_226738.html.

③ 《教育部关于数字教育资源公共服务体系建设与应用的指导意见》（教技〔2017〕7号）。

要是考察财政压力与基础设施、师资队伍建设情况，再通过选树典型推广经验。可以采取向前延伸的方式，将义务教育入学年龄降低到4～5岁，部分覆盖学龄前教育阶段，费用来源可以通过财政部分地由学龄前教育投入转移支付。2015年比利时通过法案形式将义务教育年龄降低至5岁，至今运行平稳，并未给财政运行带来太大压力。此外，也可以采取将高中教育阶段纳入义务教育，将义务教育年限延长至12年的方式，但这一做法可能会给财政带来较大压力，且在目前的院校建设、师资配比方面也会有一定的限制。在义务教育基础最为薄弱的农村贫困地区，在目前物质激励措施已经较为完备的基础上，可以在学生上学的道路交通、校舍食堂、安全卫生等方面加大扶持力度，无论是否留守儿童，提供一视同仁的便利条件，但要从家庭教育的角度出发，给予留守儿童更多的精神教育与生活关怀。

二是在高等教育方面要逐步放宽准入门槛，并在学生培养上适当对接劳动力市场需求。前者可以视为是对终身学习政策的鼓励措施，主要目标群体是专科类院校毕业生和成人高等教育人员，通过多样化考核标准的形式鼓励入学，加强高等教育自学考试专业管理，建立专门的通道，使职业技能学校的学生和其他人群有机会再次选择参加高考。例如，对于专科类院校毕业生，可以采取类似于高考特长生考试的形式，通过考核专业技术能力的方式确定入学标准。后者可以理解为是对高等教育内容与发展标准的提高，适当对接劳动力市场并不是简单的鼓励学生参加实习，而是将与市场联系密切的金融类、管理类、经济类专业，在课程设置、考核方式、考核标准等方面引入工作实践的相关内容，从实际需求出发培养学生的实践能力。但要注意的是，理论性、学术性较强的专业仍需保持其与市场机制之间的距离，确保高等教育实现对人才的多样化与多层次培养。

其次，地方政府层面和相关职能部门需要保证教育公平，去除教育的性别、年龄、区域不公，努力实现全民平等享有相同的教育机会和教育基础设施等。各级政府应结合地区经济发展基础和现实需求建立、改善教育基础设施建设，建设数字教育资源公共服务体系、提供数字教育资源公共服务。特别是在落实义务教育年限扩展方面要有效协调地区内教育资源，可在市一级层面对各个中、小学在校舍规模、招生数量、师资配比等方面进行协调、限制，并在招生指标、学生来源方面向农村地区倾斜，防止义务教育阶段区域内的部分学校对优质教育资源的垄断。

8.2.2　多方参与

在多方参与主体的建设中，并不涉及作为管理角色的政府及教育行政部门，主要是指学校和社会力量。在学校建设方面，一是除进一步巩固教育基础设施建设外，还要加强师资队伍建设，一方面需要加强对教师的培养，另一方面可以从其他地区和国家引进优质的教师以支持国内教育，现阶段对师范院校毕业生协议期的强制性规定是一部分，但还要有更加灵活的引入机制和更科学的退出机制。二是要鼓励中小学及高等教育院校采用创新性的新型教育模式，例如视频教育、主题夏令营等模式，扩展教学方式，实现素质教育。三是支持和规范社会力量兴办教育，建设民办教育管理信息系统，鼓励企业和个人积极参与或支持民办教育的发展。

在社会参与方面，除了直接兴办学校外，还可以通过建立社会性教育基金的形式为教育事业的发展提供物质保障，起步基金可以依靠政府筹集，也可以来自企业和社会各界的资助，在实现基金可持续发展后要确保政府资金的及时退出，实现"政府发起、企业主导、社会参与"的模式，防止基金管理的行政化、官僚化，这样既可以从中期财政规划角度降低财政压力，也能够确保社会性教育基金灵活、高效发展。同时，还应注重对社会性教育基金的协调与监管，需要有公共的、合法的、可持续的投资规则加以约束，规范社会性基金投资角色的投资行为，保障基金安全，提升运营水平。此外，要在择校（赞助）费、书本（器材）费等方面严格把握社会、企业所兴办的中、小学的营利性程度，确保义务教育阶段的公益性与公平性，对于企业正常的利润追求，可以采取税收优惠、返还的形式予以补偿。

8.2.3 教育体系可持续发展

教育体制、教育政策落实到最基层时，涉及的主要是教师队伍、学生和家长三个方面。教育体系的可持续发展，需要这三方面角色的共同努力。同时，基于能力形成的特点，政府参与、调节私人教育投资的时间应该提前，并将重点放在对早期基础教育加大投资以及持续给予弱势家庭的幼儿教育以扶持。[①]

一方面，在新时代发展阶段，要引导教师队伍树立学生培养的发展导向，要将素质教育的要求切实体现在教学内容中，一切教学工作围绕学生未来的发展开展，进一步破除应试教育、唯分数论对学生教育的不利影响，可以考虑在现有的中小学教师职称评定体系中进行适当改革，探索将教师评价标准回归至对学生学习、求知欲望的满足上。另一方面，学生是教育的核心，学生的发展需求就是未来教育的发展方向，在现有高考指挥棒的指引下要实现学生的全面发展存在一定困难，但并不代表学生全面发展的需求不存在，根据学生个人能力、兴趣爱好、现实条件开展针对性的培养不应只体现在纸面报告中，还应落实在具体的课程实践方面，但这已经超出了学生、学校甚至是地方政府的能力范围，需要从国家层面自上而下地转变。

最后，要逐步转变家长观念，提高家庭与学校的合作水平。学生的教育既是学校的义务，也是家庭的责任，要引导、鼓励家长参与学生教育，特别是在学生的思想道德教育方面，要扩展亲子活动，培育家庭氛围，父母的参与必不可少。

---

① 李晓曼，曾湘泉. 新人力资本理论——基于能力的人力资本理论研究动态 [J]. 经济学动态，2012（11）：120-126.

8.3 校企合作与产教融合

根据《教育部2018年工作要点》的主要内容，考虑到中、高等职业教育院校开展校企合作，产教融合是学生在进入劳动力市场前最后的业务能力提升机会，要紧密结合市场需求，准确把握学生能力，切实提升融合质量，实现校企合作、产教融合作用的有效发挥。从欧盟的Cedefop项目经验看，推进劳动者实践，在劳动力市场及职业教育和培训中开展日常工作，同时提倡以工作实践为基础的学习有利于实现劳动者业务、技术方面的进步和工作效率的进一步提升。

8.3.1 市场化路径

以市场化为主要路径要解决的是教育和劳动力市场需求脱节的问题，根据劳动者能力与市场需求的不匹配情况，促使职业教育院校转变现有的学生实习模式。这里的市场化指的是学生实习机制的市场化，在设计实习过程时引入企业意见，在实践实习过程时加强企业指导，并完善企业对学生实习结果的反馈机制，畅通企业对实习结果的反馈渠道，有效推进《关于开展现代学徒制试点工作的意见》中有关专业设置与产业需求，课程内容与职业标准，教学过程与生产过程，毕业证书与职业资格证书四项对接的要求，进而为院校招生与企业招工一体化创造条件，为探索新的、工学结合的技能人才培养路径提供实践经验。

在高等教育领域，需要深化专业学位研究生教育的综合改革，建立相关的专业学位研究生实践基地，深入博士研究生综合教育改革试点等；采用创新性的新型教育模式，例如视频教育、夏令营、翻转课堂、参与式学习、案例或研究型学习、行动学习、服务或基于工作的学习等模式。

8.3.2　现代学徒制

现代学徒制作为实现企业（行业）参与技能人才培养过程的重要途径，不仅有助于企业（行业）人力资本需求的真实体现，也能够促使培养过程更加灵活且更具针对性。要构建现代学徒制，不仅需要以立法为主导的科学的顶层设计为指引，还要有以体系为支撑的完善的具体措施落地。前者是现代学徒制发展的重要保证，德国、爱尔兰等欧洲国家现代学徒制的长足发展很大程度上依赖其学徒制立法的推动。[①]

而在体系建设方面，阶梯化是总结目前学徒制发展国际经验得出的重要结论，可以逐步实现学徒制中各个技能层级与国家资格体系的对应。[②]在更为具体的操作层面，一是在坚持"政府统筹、协调推进"过程中，要注重学校发展方向、学生发展诉求和企业利润追求之间的平衡，针对近年来部分职业技术类院校安排学生实习时出现的学校与企业合谋损害学生利益的情况，要明确这一过程中学校不是做派遣、学生不是做苦力、企业不是做慈善的观念，规范学校实习行为，维护学生实习权益，保障企业利益追求。二是在坚持"合作共赢、职责共担"时切实落实学生与企业、学校与企业两个"合同"。以学生与企业的合同为基础鼓励招生与招工一体化，以学校与企业的合同为基础实现人才培养模式与企业需求的有效结合。三是在"因地制宜、分类指导"过程中将学校培养方向、企业需求内容与地区发展规划结合起来，为各地区优势产业转型升级与进一步发展提供有效的人才支撑。四是在"系统设计、重点突破"环节以发展为导向处理试点出现的问题，特别是在招生范围、考核方式、课程开发、教学研究等方面出现的问题，要从推进产教融合、校企合作发展的长远角度解决问题。

---

①　RYAN P. The Institutional Requirements of Apprenticeship：Evidence from Smaller EU Countries［J］. International Journal of Training and Development，2000（1）：1468-2419.

②　关晶. 西方学徒制研究［D］. 上海：华东师范大学，2010.

8.3.3　德技并举

推动德育、实践教育机制的建立和完善，需要建立健全以德树人的系统化机制，深化基础教育课程的改革。以学徒制为重点内容的校企合作、产教融合，主要目的是培养符合市场需要、企业需求的劳动者，业务、技术能力的提升是其职责所在。从以往职业教育类院校的发展经验看，学生的德育培养往往没有得到太多重视，且学生业务能力、技术水平的提高并不一定带来思想的进步与道德水平的提升，因此需要重视学徒制试点中学生的德育发展，尤其是在接触市场机制后，要着重培养学生的诚信意识、守法意识与契约精神，以此作为对劳动者专业精神需求的回应。

8.4　劳动者培训

为了支持《国务院关于推行终身职业技能培训制度的意见》的落实，实现力争2020年后基本满足劳动者培训需要的目标，着力培育人力资本存量与质量同步提升的高素质劳动者队伍，需要围绕《职业技能提升行动方案（2019—2021年）》逐步强化劳动者培训力度。

8.4.1　劳动者培训权利

接受培训是劳动者进行职业规划、提升自身水平的合法权利。进入新时代阶段，面临供给侧结构性改革时期复杂多变的劳动力市场发展形势，除现有的《劳动法》《就业促进法》《劳动合同法》《职业教育法》外，需要更多的、符合劳动力市场发展实际需求的行政法规、地方性法规以及司法解释等在权利内容、适用对象、责任主体、资金来源及其他方面进一步夯实劳动者培训的法律基础。针对供给侧结构性改革处于关键、深入时期的现实情况，可以通过政府会同相关职能部门建立法律咨询与执行委员会的方式，依靠法律（或行政）力量对这一时期劳动者培训工作进行约束和管理，突出针对性与时效性，为这一时期企业和职工培训行为的规范、有序提供统一的、有约束力的标准。

具体而言，一是在国家层面可以在《劳动合同法》的基础上扩展关于"职工培训"的内容，而不仅仅局限于"应当经职工代表大会或者全体职工讨论，提出方案和意见，与工会或者职工代表平等协商确定"，考虑以产业或群体为区分，对劳动者技能培训权利在时间、种类、资金来源等方面做出详细规定，特别是针对中国劳动力市场中规模庞大的劳务派遣队伍，可以借鉴比利时以立法形式确定劳动者培训相关内容的做法，将培训权利固定下来，通过政府购买、企业合作的形式确定派遣用工培训活动的权利义务主体，并规定资金来源于高比例的政府财政支持与低比例的劳动者个人缴费。值得注意的是，比利时的市场化程度与中国不同，是否采取社会合作伙伴形式需要谨慎考虑。二是在地方层面可以在以往培训工作政策性文件的基础上形成类似于《职工培训暂行办法》或《职工培训暂行条例》的临时性文件对地区内劳动者培训工作在内容、适用对象、激励措施等方面进行规范、引导。①

8.4.2　劳动者培训范围

丰富培训内容要以产业、技术发展的方向为依据。首先，要适应产业转型升级的现实需求。从欧盟部分国家和中国近年来供给侧结构性改革的发展趋势看，绿色、可持续是未来各个产业发展的大趋势，传统行业的转型升级，特别是工业、制造业生产方式的转变需要劳动者更新其业务知识、提升其技能水平。结合人力资源和社会保障部对化解产能过剩三类重

---

① 激励措施的多样性尤为重要，北京市人力资源和社会保障局自2019年9月开始实施的职业技能提升三年行动，为参加岗前和岗位环节技能培训的职工和企业分别提供个人技能提升补贴和企业研修补贴，通过双重补贴的形式激发劳资双方共同的培训意愿。

点人员培训的要求，要在普遍开展定向初、中级岗位技能提升培训的同时，重点开展高新产业、先进制造业从业人员的培训活动。可以考虑采取类似于比利时绿色技能发展战略的形式，通过国家级战略的方式，在以绿色经济、绿色技术为标准调整当前培训、教育与职业资格制度的同时，将企业对政策的敏感性与政府的政策影响力结合起来，摒弃以往技能培训"政府安排就有，不安排则无"的模式，借助"政策方向调整—企业设备更新—职工技术提升"的路径，激发企业设备更新后的技能需求和劳动者为求职产生的职业培训需求，充分发挥绿色经济对劳动者技能的影响作用。值得注意的是，企业需要针对进入工作岗位的新人推进"干中学"，让劳动者在工作过程中积累经验，提升能力。在这一过程中，还要保证劳动者能够持续地获得来自院校教育、职业教育的支持。由于经验获取是劳动者工作后人力资本增长的重要途径，要保证其在就业之后人力资本存量的持续上升，就需要将"干中学"与劳动者可能获得的教育支持联系起来。①

其次，培训内容要由传统技术领域向新兴技术领域扩展。要充分考虑到目前高新技术产业对经济发展的引领作用，考虑到数字经济、人工智能等新兴经济业态对从业人员的业务能力需求，考虑到劳动者未来职业规划的需要，为有条件、有能力、有意愿的劳动者提供语言图像处理、数据分析以及人机合作等新技术领域的培训。此外，在传统制造业领域，还要加强基于柔性制造（FMS）和 Seru 生产系统的自动化技术培训。

8.4.3　劳动者培训格局

从国内外发展经验看，劳动者技能培训未来的发展趋势可以理解为形成以政府为指导、以企业为主体、以市场为导向、以技能供需匹配为目标

---

① 向志强. 人力资本生命周期与教育需求 [J]. 经济评论，2003（2）：32-35，89.

的方向明确、主体得力、机制有效、内容全面、供需平衡的劳动者技能培训格局。

其重点是加快培育主体机构，要根据市场需求逐步转变政府主导办班的劳动者培训形式，敢于引入市场机制，推动有条件的企业兴办职业院校和其他类型的培训机构，鼓励有条件的培训机构独立承办专业性、规模性的技能培训项目，与职业院校合作适当引入学徒制试点的部分内容。实践证明依托市场主体开展培训的效果更加明显，企业内部培训的效果优于公共部门培训，需要鼓励企业开展更多的、更具针对性的培训项目。[1]此外，在制造业、服务业从业人员较为集中的地区，借鉴教育领域培训机构的发展模式，先以市场需求为导向鼓励部分技能培训机构发展，建设示范性职业培训集团；市场需求不足的，可以在明确未来产业、行业或技术发展方向的基础上借助产业、财政政策刺激培训需求增长。

在这一过程中，加快制造业产业转型升级并给予培训补贴是最常见的办法，这可以通过政府在产业政策颁行后向培训机构购买培训券的形式实现，既可以将政策对市场的影响降到最低，也可以促进培训机构的发展和劳动者技能水平的提升。[2]更进一步地，还可以借鉴欧洲发展职业培训中心的发展经验，建立促进劳动者素质和职业能力提高相关的政策性职业培训中心，以帮助制定和实施中国的职业培训政策，提供基于中国的教育和培训政策的数据，监测劳动力市场趋势。

---

[1] 李实，杨修娜. 我国农民工培训效果分析 [J]. 北京师范大学学报（社会科学版），2015（6）：35-47.

[2] 在劳动者参与培训后对其技能水平的认定也至关重要。2019年8月人力资源和社会保障部公布的《关于改革完善技能人才评价制度的意见》明确指出要深化改革、多元评价、科学公正、以用为本，促进优秀技能人才脱颖而出，为经济高质量发展提供支撑。

8.5 就业市场与就业水平

工作是素质提升的最重要路径。国家鼓励开展的现代学徒制的核心也是为了使学生尽快、顺利、有序地融入劳动力市场。在新时代阶段，供给侧结构性改革对经济发展产生了巨大影响，要保证劳动力市场能够适应这一变化，就需要在维持稳定的基础上为劳动者提供更多的机会。

8.5.1 就业机会

要维持劳动力市场的稳定、繁荣，就需要更多的工作机会，即稳定存量，促进增量，提升质量。一方面，新兴职业、公益岗位、志愿者项目、NGO项目等都是可以提供就业增量的潜在领域。另一方面，党的十九大报告明确了未来将加强铁路、公路、水运、航空等基础设施建设，陕西、青海、山东、河北等省份都在加快兴建本地区的高速铁路建设，在带动钢铁、冶金、设备制造等上下游产业发展的同时，也能够创造更多的工作机会。与之前历次基建促经济促就业的措施不同，党的十九大报告中提出的加强基础设施建设的要求更高，特别是高铁建设标准对部分钢材的质量、品种有了新的、更高层次的要求，需要更高水平的设备、技术和更高素质的劳动者予以支持。

同时，以共享经济为支撑的新型就业模式与传统模式相比更具灵活性，对市场环境的适应能力更强，借助互联网平台能够创造更多的灵活就业岗位，这一就业领域也应该向更广泛的群体开放。以与城市地区居民生活联系最为密切的出行方面为例，优步（中国）成立于2014年2月，到2016年其业务已经扩展到了中国60多个城市。在被滴滴公司合并之前，其在中国发展迅速，仅仅两年时间，其平台上的注册司机、激活司机、注册乘客数量和运营里程都显著增长，创造了大量的灵活就业岗位。优步

（中国）的统计数据显示，2015年1月到2016年4月底，其平台上的激活司机和注册乘客的月均增长率分别高达44.2%和31.0%，均高于上一年同期水平。此外，中国新就业形态研究中心、首都经济贸易大学劳动经济学院发布的《新就业，高质量——中国新就业形态就业质量研究报告》显示，2017年6月至2018年6月，共有3 066万人在互联网出行服务平台获得收入，比上年同期增加958万人。该报告显示有184万人在加入平台前处于失业状态。这表明高质量的新就业形态成为越来越多人的就业选择，也成为他们维持生计、补贴家用、改善生活的重要收入来源。除此之外，互联网出行服务平台在保障安全和服务质量的前提下，对更广泛的群体开放，提供工作机会的公平性高于传统工作。互联网平台既为短期内寻找工作的失业者提供了过渡性的就业机会，也为产业升级等造成的转移职工提供了长期稳定的就业机会，有效降低了城镇失业率。[①]

此外，还要关注特定群体的就业问题，特别是大学毕业生的就业问题。可以考虑通过政策性方式向重点地区、重大工程、重大项目、重要领域输送毕业生，推动高校完善毕业生就业质量年度报告，逐步形成就业与招生计划、人才培养、经费拨款、院校设置、专业调整联动机制。

8.5.2 创业条件

现阶段鼓励大学生创新、创业的政策、措施已经初具规模，但对于其他社会群体仍缺少成体系的鼓励政策，特别是对于同为三大就业困难群体之一的农民工创业，目前仍缺少类似的保障条件。创业教育的复杂性决定了这一过程需要政府、高校、企业、社会等诸多主体在政策、师资、技术、资源等方面进行合作。[②]从鼓励大学生创新创业的经验看，最有效的

---

① 中国网. 报告显示：滴滴平台创造3066万个灵活就业机会 [EB/OL]. [2020-11-05]. http://finance.china.com.cn//roll/20180711/4695053.shtml.
② 朱飞. 协同学视阈下的高校多元协同创业教育研究 [J]. 高等工程教育研究，2016（5）：39-43.

政策性方式是提供财税支持。考虑到开展新型城镇化背景下农民工及其他群体返乡创业是《"十三五"就业促进规划》提出的扩宽创业、创富渠道的重要组成部分，要加强促进就业财税政策对农民工返乡创业的扶持力度，就要在保持现有促进农村转移劳动力就业政策的同时，增加对农民工返乡创业的政策引导，在保证农村劳动力就业渠道不变窄的基础上给予更多的选择权利。

一方面，要完善扶持农民工返乡创业的制度基础，秉承公平原则，在农村地区，特别是返乡农民工较多的农村地区要逐步落实与城镇地区创业政策水平基本一致的各项激励措施，在准入门槛、公共服务、金融服务、财税支持、抵押担保等方面为农民工返乡创业提供良好的外部环境；同时，结合地区优势行业、产业开展有针对性的创业培训，提升农民工返乡创业的软实力。另一方面，要增加财政资金在交通运输、水电、道路、场地以及通信等方面完善农村地区基础设施建设上的投资，夯实农民工返乡创业的物质基础。与此同时，可以将农民工返乡创业与乡镇企业发展结合起来，提升农业产业化经营水平，这样不仅可以提升农民工返乡创业质量，增强创业项目的可持续性，还能够进一步挖掘农村地区自身的就业吸纳潜力。

8.5.3 政策覆盖范围

《"十三五"就业促进规划》提出的就业保障重点群体包括高校毕业生、农村转移劳动力、生活困难群体、化解过剩产能职工以及军队转业人员，这也是现阶段促进就业政策重点扶持的群体。在此基础上，要实现该规划关于"多样化需求带动就业"和"构建面向人人的创业服务平台，深入推进创业城市创建活动"目标，就要将部分政策的扶持对象由重点保障群体扩展到符合条件的任何社会成员，由初次创业人员扩展到二次甚至连续创业人员，提高社会资源的开放与利用程度。

一是要逐步推进就业、创业技能培训范围的扩展与水平的提升，放宽接受培训对象的条件限制，多方面扩展就业、创业技能培训的受众群体，挖掘创业培训需求，逐步形成课堂教学与自主学习相结合、实训实践与指导帮扶相结合的技能培训体系。二是可以采取政府购买公共服务的形式推动实验室、职业院校以及科技园区等平台的技术、教育资源向社会开放，降低培训成本，提高社会资源利用率，提升社会整体的就业、创业能力。

8.6　劳动者终身学习

从欧盟及其成员国促进劳动者素质提升的经验看，终身学习战略是其重要环节，与终身学习相对应的是终身教育资源的提供。终身教育是政府应对人力资本价值提升以及人力资本生命周期缩短问题的重要手段。[①]考虑到中国现阶段教育体制的发展情况，要鼓励、实现终身学习，就要自上而下地制定指导战略，培育主体内容并辅以保障措施。《2030教育可持续发展目标》提出了要加快实现全民享有终身学习的机会，但从"有机会"到"能落实"，还需要诸多方面的工作予以支持。

8.6.1　指导战略

鉴于目前中国关于终身学习的政策多依附于教育、培训政策的情况，要确保终身学习机制作用的发挥，就要在成立实体部门，培养、吸收研究人员的基础上，真正掌握目前劳动者在接受继续教育、职业培训等方面的现实情况，了解其在退出劳动力市场后的发展需求。

首先，可以以教育行政部门为基础，成立与终身学习相关的战略、政策研究、监督和评价机构，以保证战略的持续性和有效性。终身学习相关战略需要根据多方变化，特别是根据劳动者素质的提升不断地提高其内容

---

① 　向志强. 人力资本生命周期与教育需求［J］. 经济评论，2003（2）：32-35，89.

水平。在具体内容方面，要以现阶段作为劳动力主体的青年人为主，以青年人的职业发展需求为导向，结合国家发展规划在内容、路径、方法、权利义务主体、资金来源等方面做出详细规定。具体可以在人口流入较为集中的地区，以农民工为目标群体开展试点工作，以基层工会为基本单位采取发放继续教育券、培训券的形式，将农民工的技能提升需求、基层工会的覆盖率优势、政府购买服务的市场化手段结合起来。

其次，在实践机制方面可以考虑以现行终身职业技能培训的政策为基础，建立终身学习国家资格框架，内容应包括从义务教育到高层次学术专业教育和培训系统的资格教育，同时还有普通教育、职业教育和培训、高等教育和成人教育等各类教育，全面推进国家资格框架的开发与实施。可以参考丹麦建立的终身学习国家资格框架，成立"多层次"的专业性国家机构，包括协调委员会、参照委员会、咨询委员会、国家协调点和秘书处等部门，在此基础上在国家层面落实终身学习及相关政策。

8.6.2 教育政策

除劳动者培训可以被纳入终身学习的战略框架之中，劳动者的继续教育或成人教育也应当成为终身学习战略实践的重要内容。

在高等教育方面，可以在现有成人高等教育政策基础上进一步落实高等学历继续教育专业设置管理办法，进一步加强和规范普通高校学历继续教育管理；指导开放大学建设与发展，总结推广继续教育学习成果认证、积累与转换试点经验；加强高等教育自学考试专业管理，建立专门的通道，使职业技能院校的学生和其他社会群体有机会再次选择参加高考。

在职业教育方面，引导推动各类学校特别是职业院校开展职工继续教育培训；持续推进农民工学历与能力提升行动计划；继续推进国家级农村职业教育和成人教育示范县创建；加快建设学习型社会，加快发展社区教育、老年教育，推动学习型城市和各类学习型组织创建；扩展到对劳动者的持续性技能培训方面，建立健全终身职业技能培训制度，将技能培训贯穿到劳动者学习与工作的全过程，完善培训政策，加强培训基础能力建设等也成为当务之急。[①]

8.6.3　保障措施

首先是政策宣传方面。一是要加强"终身学习"理念的教育、宣传和实施，要实现全社会、全部人、全生命周期的学习理念与行动，特别是在农民工、制造业工人中加大宣传力度。二是要建立终身学习的激励机制，例如，对取得相关证书或出色学习成绩的人可以颁发类似"教育券"等模式的奖励，以鼓励其使用"教育券"再继续获取知识、接受教育。三是实施全民读书计划，不限年龄、职业、家庭情况，鼓励所有人学习、读书，从侧面形成有利于终身学习政策落实的社会氛围。

其次是基础设施方面。可以在现有组织、场馆的基础上建立落实终身学习政策的场地、设施等，除合理利用高等教育院校、职业培训院校、社会教育及培训机构资源外，还要充分发挥城市社区文化服务站、乡镇文化站等现有文化便民资源的作用，继续推进国家级农村职业教育和成人教育示范县创建，加快建设学习型社会，加快发展社区教育、老年教育，推动学习型城市和各类学习型组织创建。

8.7　总结

结合在促进劳动者综合素质、教育、技能、培训水平提升以及终身学习方面的主要内容，应该针对以上不同的提升劳动者素质的策略建议，建立相应的保障和支持机制，确保劳动者素质提升政策的实效和高效。

---

① 徐艳，陈玉杰. 新中国职业技能培训 70 年：历程、经验与趋势 [J]. 中国劳动，2019（11）：20-31.

一是针对加强劳动力身体素质策略，政府需要深化改革，加强健康建设，做好保障。首先，公共部门要深化机制体制改革，把健康因素融入相关政策，全面深化医药卫生体制改革，完善健康筹资机制，加快转变政府职能。其次，要加强健康人力资源建设，加强健康人才培训，创新人才使用评价激励机制。再次，要推动健康科技创新，构建国家医学科技创新体系，推进医学科技进步。同时，要建设健康信息化服务体系，完善人口健康信息服务体系建设，推进健康、医疗方面的大数据应用，加强健康法治建设，加强国际交流合作。最后，要强化组织实施，加强组织领导，营造良好社会氛围，并做好实施监测。

二是针对加强劳动力教育体制机制策略，政府需要进一步提高保障能力，加强教育可持续发展的基础。首先，要全面加强教育经费投入的使用管理，要监督各级政府教育支出责任的履行，并进一步巩固完善义务教育经费的保障机制，加强教育经费管理，规范收费，推进高校和所属企业管理体制改革。其次，要深入推进教育信息化，大力发展教育资源共享计划，设立信息化授课示范点，普及网络学习空间的应用。再次，应加强基础教育信息化顶层设计，推进职业教育专业教学资源库建设与应用，促进信息技术和教育的结合。最后，要大力维护校园的安全稳定，加强安全监管，订立相关的安全防控政策、意见。

三是针对加强劳动力实践策略，政府也需要完善相应的实施保障机制。第一，各级教育行政部门需要合理规划推动学生参与实践的区域试点工作，制定符合本地区实际情况的相关策略和实施办法。第二，加强实践策略实施的工作组织保障，需要设置专人负责监督和协调策略的实施，引导和鼓励企业、行业和学校合作。第三，加大对策略实施的相关政策支持，各级教育行政部门要推动政府出台相应的政策，加大投入力度，通过财政资助等措施，促进实践策略的具体落实。第四，要加强对相关工作的监督检查，对具体工作严格监控，并建立工作年报年检制度。

四是在加强劳动力培训方面，政府需要加强劳动力市场法治建设，实现"依法治企"和"依法治市"，制定完善的法律法规来维护劳动者的合法权益，并且要同步提升社会保障水平和劳动保护力度。提高劳动者素质的措施同样需要相关的立法做有效保障。

五是对于完善以就业提升劳动者素质策略的保障，政府需要健全就业反馈机制，完善相应的就业服务体系。第一，建立健全高效毕业生就业状况的统计、分析和发布制度；完善高效毕业生就业质量年度报告制度，建立科学合理的报告相关指标；加强对本地高校各专业毕业生的就业率、去向和就业满意度等的调查；各省级高校毕业生就业部门要组织对本地高校就业质量年度报告编制发布工作的监督调查。第二，建立健全高校毕业生就业状况反馈机制，加强对高校毕业生就业状况的跟踪和反馈。第三，加强精准就业指导服务。

六是针对终身学习机制的建立，一是要加强组织领导。各级人民政府及人力资源和社会保障等部门，需要遵照中央政府的总体要求把推行终身学习制度作为推进供给侧结构性改革的重要任务，需要根据地方经济社会发展、促进就业、人才发展规划，制定长期的终身学习规划，并推进政策的落实。二是要做好公共财政保障。人力资源和社会保障部、教育部、工信部、民政部、财政部等要加大对终身学习的资金投入力度，切实落实终身学习战略的补贴政策，加强对经费使用的监管和反馈。三是要进一步优化社会环境。人力资源和社会保障部、教育部、中华全国总工会、共青团等要加强终身学习的政策宣传，创新宣传方式，提升政策的影响力和公众知晓度，宣传校企合作，开展技能竞赛等。

综上所述，进入新时代发展阶段，高质量发展本质上就是新发展理念引导下的发展模式。要在高质量发展背景下提升劳动者素质，就要在明晰高质量发展内涵的基础上，将劳动力市场供需与人力资本理论有效结合，了解高质量发展对劳动者在人力资本周期内不同阶段的要求，要在综合素质、教育、技术、培训以及终身学习等方面了解形势、发现问题、理清思路并根据劳动者不同阶段发展的需求提供对策建议。

具体而言，就是要将新发展理念有关创新、协调、绿色、开放、共享的要求与高质量发展的影响因素结合起来，借鉴国际经验，挖掘高质量发展的丰富内涵，并以此为基础，结合人力资本理论从劳动者出生时的综合素质保障出发，考察高质量发展对劳动者教育、工作、培训以及退出劳动力市场后的终身学习等各个方面的要求，与现阶段发展状况进行比较，寻找劳动者素质进一步提升的空间与可行路径。在这一过程中，要充分借鉴劳动者技能提升的国际经验，特别是欧盟及其成员国在经济发展模式转变背景下将市场机制与政策内容高度结合开展劳动者教育、培训相关工作的经验，这在保障劳动者教育与培训权利、促进劳动者终身学习方面提供了更新的视野与更为丰富的可选择路径。

值得注意的是，中国在高质量发展背景下提升劳动者素质有着独特的中国情境，这一特殊性不仅局限于社会主义市场经济体制下政府与市场的独特关系方面，中国现阶段经济发展过程中新兴经济业态迅速扩展、数字技术与人工智能技术在部分行业的深度应用等对劳动力市场的影响也是其他国家、地区没有面临过的情况，因而需要具备中国本土化特征的理念、政策和措施予以应对。这也是本书目前较为欠缺的部分，我们热切盼望劳动就业及相关领域的专家、学者关注、投身这一主题，共同促进高质量发展背景下劳动者素质的提升。

参考文献

[1] ARROW K J. The Economic Implications of Learning by Doing [J].
Review of Economic Studies, 1962, 29 (3): 155-173.

[2] BENTLEY F S, KEHOE R R. Give Them Some Slack-They're Trying
to Change! The Benefits of Excess Cash, Excess Employees, and Increased
Human Capital in the Strategic Change Context [J]. The Academy of Management
Journal, 2018, 63 (1): 181-204.

[3] BEN-PORATH Y. The Production of Human Capital and the Life Cycle
of Earnings [J]. Journal of Political Economy, 1967, 75 (4): 352-365.

[4] CHADWICK C. Toward a More Comprehensive Model of Firms'
Human Capital Rents [J]. The Academy of Management Review, 2017, 42 (3):
499-519.

[5] CHOI S, JANIAK A, VILLENA - ROLDAN B. Unemployment,
Participation and Worker Flows over the Life - cycle [J]. The Economic
Journal, 2013, 125 (589): 1705-1733.

[6] CUNHA F, HECKMAN J J. Investing in Our Young People [Z].
NBER Working Paper No.16201, 2010: 365-386.

[7] DEHMEL A. Making a European Area of Lifelong Learning a
Reality? Some Critical Reflections on the European Union's Lifelong Learning
Policies [J]. Comparative Education, 2006, 42 (1): 49-62.

[8] Denmark Government. Education for All [Z]. 2018.

［9］ Denmark Government. Study in Denmark ［Z］. 2018.

［10］ Denmark Government. The Danish Approach to Quality in Vocational Education and Training ［Z］. 2008.

［11］ Danish Ministry of Higher Education and Science. Danish Qualifications Framework for Lifelong Learning ［Z］. 2018.

［12］ Danish Ministry of Higher Education and Science. Including Certificates and Degrees in the Qualifications Framework ［Z］. 2018.

［13］ European Union. Lisbon Strategy ［R］. 2010.

［14］ European Union. Europe 2020 ［R］. 2010.

［15］ European Commission. Growth, Competitiveness, and Employment: The Challenges and Ways Forward into the 21st Century ［R］. 1993.

［16］ European Political Strategy Center. The Age of Artificial Intelligence: Towards a European Strategy for Human-Centric Machines ［R］. 2018.

［17］ European Commission. Implementing Lifelong Learning Strategies in Europe: Progress Report on the Follow-up to the Council Resolution of 2002: EU and EFTA/EEA Countries ［R］. 2003.

［18］ European Commission. Science, Research and Innovation Performance of the EU, 2016 ［R］. 2016.

［19］ FREY C B, OSBORNE M A. The Future of Employment: How Susceptible Are Jobs to Computerization? ［J］. Technological Forecasting & Social Change, 2017, 114 (1): 254-280.

［20］ Federal Planning Bureau, Belgium. Economic Outlook 2018-2030 ［R］. 2018.

［21］ Federal Government, Germany. The Digital Agenda ［R］. 2017.

［22］ GROSSMAN M. On the Concept of Health Capital and the Demand for Health ［J］. Journal of Political Economy, 1972, 80 (2): 223-255.

［23］ GALPERIN R V, HAHL O, STERLING A D, et al. Too Good to

Hire? Capability and Inferences about Commitment in Labor Markets [J]. Administrative Science Quarterly, 2020, 65 (2): 275-313.

[24] HECKMAN J J, LARENAS M I, URZUA S. Accounting for the Effect of Schooling and Abilities in the Analysis of Racial and Ethnic Disparities in Achievement Test Scores [Z]. University of Chicago, 2004.

[25] LUDWIG J, MILLER, D L. Does Head Start Improve Children's Life Chances? Evidence from a Regression Discontinuity Design [J]. The Quarterly Journal of Economics, 2007, 122 (1): 159-208.

[26] LUTHANS F, LUTHANS K W, LUTHANS B C. Positive Psychological Capital: Beyond Human and Social Capital [J]. Business Horizons, 2004, 47 (1): 45-50.

[27] METHOT J R, ROSADO‐SOLOMON E H, ALLEN D G. The Network Architecture of Human Capital: A Relation Identity Perspective [J]. The Academy of Management Review, 2018, 43 (4): 723-748.

[28] Ministry of Investment and Development, Poland. Strategy for Responsible Development until 2020 [R]. 2016.

[29] Office for Official Publications of the European Communities. Environment 2010: Our Future, Our Choice: The Sixth EU Environment Action Programme 2001-2010 [R]. 2001.

[30] OECD. Overview of the Education System (EAG 2017) [R]. 2018.

[31] OECD. OECD Reviews of Evaluation an Assessment in Education: Denmark 2011 [R]. 2011.

[32] OECD. OECD Study on Digital Learning Resources as Systemic Innovation: Country Case Study Report on Denmark [R]. 2009.

[33] OECD. Employment and Skills Strategies in Flanders, Belgium [R]. 2015.

[34] OECD. Boosting Skills for Greener Jobs in Flanders, Belgium

［R］. 2017.

［35］ OECD. OECD and the Sustainable Development Goals: Delivering on Universal Goals and Targets ［R］. 2017.

［36］ BARRO R J. Economic Growth in a Cross Section of Countries ［J］. Quarterly Journal of Economics, 1991, 106（2）: 407-443.

［37］ RAFFIEE J, COFF R. Micro-Foundations of Firm-Specific Human Capital: When Do Employees Perceive Their Skills to Be Firm-Specific? ［J］. The Academy of Management Journal, 2015, 59（3）: 766-790.

［38］ RAFFIEE J, BYUN H. Revisiting the Portability of Performance Paradox: Employee Mobility and the Utilization of Human and Social Capital Resources ［J］. The Academy of Management Journal, 2020, 63（1）: 34-63.

［39］ RYAN P. The Institutional Requirements of Apprenticeship: Evidence from Smaller EU Countries ［J］. International Journal of Training and Development, 2000, 4（1）: 42-65.

［40］ SELLIN B. Scenarios and Strategies for Vocational Education and Lifelong Learning in Europe: Summary of Findings and Conclusions of the Joint Cedefop/ETF Project（1998-2002）［J］. Cedefop Panorama Series, 2002（3）: 206-215.

［41］ United Nations. Development Programme, Human Development Report 2014 ［R］. 2014.

［42］ VAN VUGHT F. The EU Innovation Agenda: Challenges for European Higher Education and Research ［J］. Journal of Higher Education Policy & Management, 2009, 21（2）: 9.

［43］ WELLER I, HYMER C, NYBERG A J, et al. How Matching Creates Value, Cogs and Wheels for Human Capital Resources Research ［J］. The Academy of Management Annals, 2019, 13（1）: 188-214.

［44］ WOESSMANN L, SCHUTZ G. Efficiency and Equity in European

Education and Training Systems ［R］. EENEE, 2006.

　　［45］ WHO. Depression and Other Common Mental Disorders： Global Health Estimates ［R］. 2017.

　　［46］ ZHANG Z X. Lifelong Guidance： How Guidance and Counselling Support Lifelong Learning in the Contrasting Contexts of China and Denmark ［J］. International Review of Education, 2016, 62 (5)： 627-645.

　　［47］毕菲. 我国人力资本投资对经济增长的影响研究［D］. 长春：吉林大学，2018.

　　［48］崔岫，姜照华. 人力资本在中国经济增长中的贡献率［J］. 科学学与科学技术管理，2011（12）.

　　［49］陈世清. 什么是新常态经济？［EB/OL］.（2015-03-19）［2020-11-03］. http://www.qstheory.cn/laigao/2015-03/19/c_1114688943.htm.

　　［50］陈晓菲，杨伟国，王江哲. 电视媒体对老年人认知水平与非认知水平的影响——基于新人力资本理论的视角［J］. 人口与发展，2018（6）.

　　［51］程菲，李树茁，悦中山. 文化适应对新老农民工心理健康的影响［J］. 城市问题，2015（6）.

　　［52］陈仲常，谢曼，张薇. 我国教育机会性别均等与教育结果性别差异分析［J］. 高等工程教育研究，2003（2）.

　　［53］陈莹."工业4.0"时代德国职业教育与高等教育融通研究［J］. 比较教育研究，2018（4）.

　　［54］丁永为. 工业社会、民主与教师专业精神［J］. 教育学报，2016（1）.

　　［55］董宏建，许方舟. 丹麦教育信息化概览［J］. 世界教育信息，2012（8）.

　　［56］封岩，柴志宏. 健康人力资本对经济增长的影响［J］. 经济与管理研究，2016（2）.

　　［57］方丰娟，陈国鹏，戚炜颖. 幼儿心理健康评估现状和思考［J］.

心理科学，2006（2）.

［58］国务院. 中华人民共和国国民经济和社会发展第十三个五年规划纲要［Z］. 2016.

［59］国务院. "十三五"就业促进规划［Z］. 2017.

［60］关晶. 西方学徒制研究［D］. 上海：华东师范大学，2010.

［61］胡鞍钢，谢宜泽，任皓. 高质量发展：历史、逻辑与战略布局［J］. 行政管理改革，2019（1）.

［62］胡英. 中国分城镇乡村人口平均预期寿命探析［J］. 人口与发展，2010（2）.

［63］何文炯. 中国社会保障：从快速扩展到高质量发展［J］. 中国人口科学，2019（1）.

［64］胡咏梅，李佳哲. 21世纪以来国内及国际教育经济学研究的热点与前沿问题——基于《教育与经济》与 Economics of Education Review 的知识图谱分析［J］. 教育与经济，2018（2）.

［65］江涛. 舒尔茨人力资本理论的核心思想及其启示［J］. 扬州大学学报（人文社会科学版），2008（6）.

［66］姜勇. 论教师的精神成长——批判教育学视野中的教师专业发展［J］. 中国教育学刊，2011（2）.

［67］金碚. 关于"高质量发展"的经济学研究［J］. 中国工业经济，2018（4）.

［68］教育部. 2030教育可持续发展目标［Z］. 2016.

［69］教育部. 教育部关于开展现代学徒制试点工作的意见［Z］. 2014.

［70］教育部. 2016年全国教育事业发展统计公报［R］. 2017.

［71］教育部. 教育部关于数字教育资源公共服务体系建设与应用的指导意见［Z］. 2017.

［72］疾病预防控制局. 关于加强心理健康服务的指导意见［Z］. 2017.

［73］林毅夫. 新时代中国新发展理念解读［J］. 行政管理改革，

2018（1）.

[74] 厉以宁. 农民工、新人口红利与人力资本革命 [J]. 改革，2018（6）.

[75] 李梦卿，任寰. 技能型人才"工匠精神"培养：诉求、价值与路径 [J]. 教育发展研究，2016（11）.

[76] 李子联，王爱民. 江苏高质量发展：测度评价与推进路径 [J]. 江苏社会科学，2019（1）.

[77] 李晓曼，曾湘泉. 新人力资本理论——基于能力的人力资本理论研究动态 [J]. 经济学动态，2012（11）.

[78] 李建民. 人力资本与经济持续增长 [J]. 南开经济研究，1999（4）.

[79] 李基礼. 资本扩张方式转变与新发展理念——基于对西方人力资本理论的经济哲学批判 [J]. 马克思主义与现实，2017（1）.

[80] 李实，杨修娜. 我国农民工培训效果分析 [J]. 北京师范大学学报（社会科学版），2015（6）.

[81] 刘艺工. 欧盟环境与可持续发展政策及法律对我国西部大开发的启示 [C]. 中国法学会环境资源法学研究会. 环境法治与建设和谐社会——2007年全国环境资源法学研讨会（年会）论文集（第三册）. 2007.

[82] 卢海阳，邱航帆，杨龙，等. 农民工健康研究：述评与分析框架 [J]. 农业经济问题，2018（1）.

[83] 毛泽东. 毛泽东选集：3卷 [M]. 北京：人民出版社，1991.

[84] 秦宣. 新发展理念与中国改革开放的历史经验 [J]. 中国特色社会主义研究，2018（6）.

[85] 顾明远. 教育公平绝不是平均主义 [N]. 人民日报，2016-06-16.

[86] 人民日报评论员. 共担促进男女平等的责任与使命 [N]. 2015-03-08.

[87] 人力资源和社会保障部. 关于做好2018年技工院校学生资助管理工作的通知 [Z]. 2018.

［88］孙早，侯玉琳．政府培训补贴、企业培训外部性与技术创新——基于不完全劳动力市场中人力资本投资的视角［J］．经济与管理研究，2019（4）．

［89］孙宝树．中国职工教育和职业培训协会第五届理事会工作报告［R］．2017.

［90］孙学工，等．推动经济高质量发展研究．［J］．宏观经济研究，2019（2）．

［91］唐灿，冯小双．"河南村"流动农民的分化［J］．社会学研究，2000（4）．

［92］王飞．人力资本收益激励与企业绩效［D］．北京：中国人民大学，2005.

［93］王弟海，李夏伟，黄亮．健康投资如何影响经济增长：来自跨国面板数据的研究［J］．经济科学，2019（1）．

［94］王军平．中国人口发展指数研究［J］．人口学刊，2010（2）．

［95］王明杰，郑一山．西方人力资本理论研究综述［J］．中国行政管理，2006（8）．

［96］王萍．劳动力年龄和教育结构对经济增长的影响研究——基于人力资本存量生命周期的视角［J］．宏观经济研究，2015（1）．

［97］王彦军．日本劳动力技能形成研究——基于人力资本理论的分析［D］．长春：吉林大学，2008.

［98］王一鸣．大力推动我国经济高质量发展［J］．人民论坛，2018（9）．

［99］王荣．新生代农民工数量的测算［J］．统计与决策，2017（20）．

［100］谢智康，杨晶．政府卫生支出、健康人力资本与农村经济增长［J］．统计与决策，2020（7）．

［101］辛国斌．推动制造业高质量发展［J］．宏观经济管理，2019（2）．

［102］向志强，张婧．人力资本生命周期与终身教育研究［J］．求索，2010（4）．

［103］向志强. 人力资本生命周期与教育需求［J］. 经济评论，2003（2）.

［104］徐艳，陈玉杰. 新中国职业技能培训70年：历程、经验与趋势［J］. 中国劳动，2019（11）.

［105］项久雨. 新发展理念与文化自信［J］. 中国社会科学，2018（6）.

［106］许建宇，王婧婧. 和谐劳动关系的构建与政府责任的法治化——以政府促进就业责任为视角［J］. 法治研究，2007（2）.

［107］徐维祥，姜丽佳，徐志雄. 人力资本、科技创新与信息经济发展关系研究［J］. 科技进步与对策，2019（7）.

［108］杨伟国. 创新推动人力资本服务新增长［J］. 中国人口科学，2017（6）.

［109］余静文，苗艳青. 健康人力资本与中国区域经济增长［J］. 武汉大学学报（哲学社会科学版），2019（9）.

［110］于小冬. 公众营养现状及发展［R］. 2018.

［111］于小冬，周海春. 公众营养与社会经济发展［M］. 北京：中国经济出版社，2006.

［112］仲理峰. 心理资本对员工的工作绩效、组织承诺及组织公民行为的影响［J］. 心理学报，2007（2）.

［113］周文霞，谢宝国，辛迅，等. 人力资本、社会资本和心理资本影响中国员工职业成功的元分析［J］. 心理学报，2015（2）.

［114］中华全国总工会. 大力提高职工素质助推经济发展方式加快转变［R］. 2013.

［115］中国疾病预防控制中心，等. 中国居民营养与慢性病状况报告（2015）［R］. 2015.

［116］赵昕东，李翔. 教育与健康人力资本对劳动生产率的影响［J］. 社会科学战线，2020（5）.

［117］赵亚平，王梅. 丹麦终身学习国家资格框架探析［J］. 职业技

术教育，2015（10）．

[118] 张华军，朱旭东．论教师专业精神的内涵 [J]．教师教育研究，2012（3）．

[119] 张继平，董泽芳．高质量高等教育公平：理念诠释、现状分析与政策进路 [J]．大学教育科学，2017（1）．

[120] 张建刚．推动我国经济迈向高质量发展 [J]．红旗文稿，2018（10）．

[121] 张祖群．从恩格尔系数到旅游恩格尔系数：述评与应用 [J]．中国软科学，2011（2）．

[122] 张翼，周美霖．中国劳动生产率提升：增速快但不容歇脚 [N]．光明日报，2016-09-18（2）．

[123] 张培培．互联网时代工匠精神回归的内在逻辑 [J]．浙江社会科学，2013（1）．

[124] 朱敏，高志敏．终身教育、终身学习与学习型社会的全球发展回溯与未来思考 [J]．开放教育研究，2014（1）．

[125] 朱礼华．心理健康、劳动参与和生产率 [D]．天津：南开大学，2013．

[126] 中国工程院．2015年度中国制造强国发展指数报告 [R]．2016．

[127] 周锋．高技能人才职业教育培训体系建设中存在的问题及建议 [J]．教育与职业，2017（22）．

[128] 朱飞．协同学视阈下的高校多元协同创业教育研究 [J]．高等工程教育研究，2016（5）．